看準股市風向，成為笑到最後的贏家

抓住強勢股

打 / 造 / 股 / 市 / 印 / 鈔 / 機

黃世聰◎著

第3章 了解產業脈動　掌握布局先機

打造屬於自己的股市印鈔機

　　算一算，我在股市的資歷也有 20 多年了。我很慶幸自己年輕時就踏入股市，多年來穩紮穩打，建造出一台屬於自己的印鈔機，讓我有幸能在 40 歲之前，達成我設定的財富自由目標。

　　其實當初會踏入股市，單純是因為念經濟出身，想把所學運用在投資市場上；後來才發現，學校所教的一切，與實務有很大的差距，了解市場運作的道理是一回事，實際把錢砸進市場後又是另一回事。

　　如同大多數的投資人，我剛開始也走過像開雜貨店般亂買股、聽明牌、跟投顧老師操作、聽股市演講、看解盤節目的日子，以為已經摸索出一條正確的路，之後又歸零。我也常常把飆股賣在起漲點，為了賺一根漲停卻錯失接下來的 1 倍漲幅，「抓龜走鱉」（台語）搞到身心俱疲，夜

深人靜時不免自我懷疑，自己似乎不適合股市。

　　《財訊》的工作經驗打開另一扇窗。從擔任《股市總覽》研究員開始到副總編，後來擔任《先探雜誌》的執行副總編，媒體工作讓我有大量的時間能夠投入研究，也更貼近市場，接觸到許多成功的投資人與公司派、大股東、市場主力，從不同面向看股市這扇經濟櫥窗。

　　說實話，在媒體工作的前幾年，儘管我了解市場的基本面，也對各式各樣的總經數據、台股各大產業景氣變化愈來愈熟稔，但我的台股投資報酬率並沒有明顯提升。後來我也開始研究技術面，各種重要的技術指標 KD、RSI、MACD、乖離率到最後的威廉指標、波浪理論，甚至是混沌理論，我都不放過，並且運用在實際操作上，初期確實有不錯的表現，後來愈來愈常出現「時靈時不靈」的狀況。

　　於是我又將這套技術面操作方式應用在台指期貨，甚至是海外期貨如歐元、黃金、咖啡等市場，這段時期的獲利頗為豐厚。不過，後來因為資金控管方式不當，導致出現爆倉的局面，帳上賺很多，最後卻又落得一場空。

後來我深自檢討每一筆交易，梳理成敗原因。所謂的檢討是指：要問自己，為何當初會選擇這檔股票？我的進場理由是什麼？我的買進價位是哪裡？最後的結果是什麼？賺賠多少？

而反省是指：這次的投資過程中做了什麼對或錯的決策？太早或太晚進場？出場點是不是不夠好？有什麼地方是下次可以精進或避免的？

這個自我檢討與研究的過程，對我非常重要。我常會把每一次操作的投資標的 K 線圖印出來，標上我的進出場點、加碼點，然後思考到底問題在哪裡。

持續地經歷過錯誤，並且透過不斷地反省、修正，終於讓我慢慢走上對的方向，找到自己的盲點，找到適合自己的投資策略，也終於突破始終無法超越的門檻，市場不好的時候，1 年賺個 10% 不成問題；市場好的時候，則有可能達到 80% ～ 100% 的報酬率。

總結這段摸索的路程，其實重點在於自己並沒有一套固

定且可行的操作方式，一直到固定了自己的做法後，報酬率才有明顯提升。

因此，我想告訴初學者，一定要喜歡投資。願意花時間去研究或簡單分析，願意了解自己的投資傾向，愈是親近與熟悉投資市場，愈是能從中找出屬於你自己的投資節奏。

以投資的研究方法來說，一般分為「由上而下」（Top-Down）及「由下而上」（Bottom-Up）。由上而下是指從大環境尋找適合投資的標的，以「選市」為優先；由下而上則是從研究個股基本面出發，以「選股」為優先。而我採取的方法是前者，「由上而下」分析當前的局勢，從中發掘出最主流的產業與個股，而且既然要買股票，就是要買會漲的股票！

那麼，什麼股票會漲？勢必要有資金追捧，而資金會追捧的就會是市場最當紅、最強勢、最主流的題材，例如2018年的被動元件族群、2020年下半年的半導體、2021年的航運股……等。只要每年都能抓到當年的強勢主流股，跟上啟動行情，要賺到錢並非難事，如果有一年市場不好，

多空不明，那就在場外觀望，寧可空手也不要貿然進場。

投資前要多了解市場，包括股市、匯市等；當然，這不代表要像個經濟學家或是分析師那樣熟知市場動態，而是對於市場的基本架構，或是重要的變數與數據，能夠有初步的了解與熟悉。

在這本書裡，我將分享我多年以來採取的投資操作架構：

1.總經面：錢在哪裡，行情就在哪裡；看到錢往哪個方向，我們就往那個方向走。影響股市多空方向的最大原因往往是大環境因素，這裡牽扯到資金面的幾個大面向，包括美國聯準會（Fed）的動態，或是股債之間的蹺蹺板關係，抑或是各國資金的流動狀態，這都是判斷多空必須要認識的基本概念。

2.基本面：雖然我更重視「選市」，但不代表我不重視選股。市場對了，行情對了，也得要選到對的股票，才能順利搭上股價上漲列車。最會漲的自然就是有題材的主流股，股價表現最為強勢，如果不想動太多腦筋，也可以參

考台股產業的淡旺季節奏，在適當期間進出，多半能有不錯的成績。

3.技術面：有了基本面的初步輪廓後，我們再從技術面著手。這個是本書最重要的部分，也是我經歷過多年投資後的方法與經驗法則的歸納，若能看懂技術線型，將有助於尋找良好的買賣點。而技術面有非常多種指標，我認為只要掌握幾個核心就好，訣竅就是先用均線看「趨勢」，再以其他指標輔助搭配；而且只有股價走多頭趨勢時，我才會考慮進場，空頭或多空不明時則寧可不做。

投資不是紙上談兵，投入真金白銀之後，才會發現過程中會遇到從沒想過的難題，而大部分難題都是來自人心。例如，選定一檔以為會上漲的股票，買進後確實漲了，但很快就反轉下跌，這時候該認賠停損殺出？還是要逢低攤平呢？

大家有的問題我也都曾經有過，我將過去的經驗歸納出一套心法：「5要6不7迷思」。其中「5要6不」指的是：要愛市、要跟贏、要知勢、要做對、要停損；不攤平、

不任意改變風格、不過度交易與持股過多、不喪失信心、不猜測行情、不看高低看強弱。它們貫穿我的投資原則，透過這些心法的應用與落實，從調整自己的投資心態開始，進一步梳理出判斷多空趨勢、選擇飆股等能力。

　至於「7 迷思」則是多數投資人容易陷入的思考盲區，比方說，努力不一定能賺錢、沒有認賠殺出不代表沒有虧損、複製成功者的操作心法不一定會成功等等，如果投資人可以甩開這些包袱，堅守 5 要原則、避開 6 不雷區，就更有機會賺多賠少，提高平均勝率，靠投資創造穩定財富。

　事實上，很多方法不是我首創，原理不難，只是多數人無法堅持、嚴守紀律。

　以停損來說，不只股神華倫‧巴菲特（Warren Buffett）曾不懼他人眼光，寧願虧損也要揮劍停損；華爾街最成功的交易員之一馬丁‧舒華茲（Martin Schwartz）也告誡投資人，要認清自己願意因為投資而承擔多大的風險，先設定一個最低限度「認輸離場點」，也就是停損點，而且要嚴格遵守，以免陷入心痛的深淵而無可自拔。

　　幾乎每一位投資大師、投資書籍,甚至投資人都知道「停損很重要」,但真正嚴格遵守,不被情緒與不甘心等因素影響的人少之又少,這才是股市輸贏的決定性因素,看似簡單的道理,但是很難做到,年輕時的我也做不到。

　　多年來,我不只嚴守 10% 停損出場的紀律,而且學會理性自制,可以說完全是機械化操作。我發現,害怕賠錢的心理恐懼愈少,束縛我思考與判斷的枷鎖就愈少,但是我的操作勝率卻愈來愈高,從穩定成長的投報數字來看,我知道我走對方向了!

　　期貨天王史丹利・克洛爾(Stanley Kroll)認為,投資人最重要的是學會「生存」,也就是學會「風險控管」,而簡化操作策略,避免複雜的策略技巧是致勝訣竅。我的操作原則亦如是,只要提高做對機率、降低做錯機率,就能改變賺賠率,長期小賠多賺就能提高操作勝率,要達到這個目標唯有「嚴守紀律」。

　　我相信,像我一樣曾經在投資路上茫然、不知所措、看不到方向,甚至想放棄的投資人一定很多,本書是我從無

數成功與失敗經驗爬梳而來的實戰祕笈，從基本面、技術面甚至操作面，為大家整理出重點與盲點。希望透過本書讓讀者了解，我是如何打造投資獲利模式，也希望本書有助讀者縮短學習曲線，在投資路上走得更快、走得更穩，成功打造屬於自己的股市印鈔機！

第 1 章

打好投資基礎
高檔也能買股

1-1 ▷ 無論行情好壞 都有值得操作的主流股

　　我常說：「股市上漲靠鈔票，下跌靠恐慌。」2020 年新冠肺炎疫情引爆全球股災，之後全球股市浴火重生，甚至屢創新高就是活生生的例子。

「選對」且「做對」，萬點買股照樣獲利

　　2020 年 3 月 9 日「黑色星期一」，美股開盤後隨即暴跌，標普 500 指數下跌 7%，觸發第 1 層熔斷機制，暫停交易 15 分鐘，這是美股史上第 2 次熔斷；上一次熔斷是在 1997 年 10 月 27 日，當時道瓊工業平均指數（簡稱道瓊指數）暴跌 7.18%，創下 1915 年以來最大跌幅。

　　截至收盤，道瓊指數跌 7.79%（2,013.76 點），打破 2008 年紀錄，創下 1987 年黑色星期一以來最大單日跌幅，而這項紀錄在 4 天後再度被打破。

美國以外的市場也有至少 10 個國家的股市在同一天發生熔斷，如韓國、泰國、菲律賓、印尼、巴西、加拿大、巴基斯坦等。

美國政府緊急在 2020 年 3 月底通過史上規模最大的 2 兆美元紓困方案，加上聯準會（Fed）火速祭出貨幣寬鬆政策（Quantitative Easing，QE），美股終於在暴跌之後緩步拉升，之後道瓊指數不僅在同年底收復疫情爆發前的高點，2021 年 7 月 23 日還站上 3 萬 5,000 點的歷史新高。

與美股連動性高的台灣股市雖然受疫情荼毒不深，卻也受到來自全球經濟、景氣與疫情有關的壞消息影響，台股加權指數從 2020 年 1 月 3 日的最高點 1 萬 2,197.64 點跌到 3 月 13 日的最低點 9,636.15 點，跌掉 2,561.49 點；3 月 19 日股匯雙殺，早盤跳空開低後即摜破 10 年線關卡，指數最低跌到 8,523 點，跌幅逾 7%，創 2016 年 8 月以來新低，上市櫃跌停家數超過 500 家。

這種時候，多數投資人開始悲觀，但是行情總在悲觀後產生，在全球央行聯手救市，美國聯準會與 QE 助攻下，

全球股市開始止跌回升，美股道瓊指數最終在 2020 年底站上 3 萬點大關，台股也站上 1 萬 4,000 點歷史新高。

大家以為這可能是台股相對好的表現了，走到這裡，大盤該是時候拉回整理，此時追高不宜，但是故事還沒有結束，就在大家觀望、等待或不敢進場的時候，台股持續「緊緊漲」，2021 年 7 月 6 日指數來到 1 萬 8,008 點，改寫歷史新高；2021 年最後封關日盤中再創 1 萬 8,291 點歷史新高，全年漲幅則高達 23.66%，市值 56 兆 4,000 億元，較 2020 年封關日增加 11 兆 4,800 億元，換算每位投資人的平均帳面獲利為 95 萬 9,600 元。

所以，如果投資人問我，現在台股還能進場買嗎？我的答案是「可以」，但前提是「選對」且「做對」，「選對」是指選對飆股或主流股、「做對」是指用對操作策略與方法，不論大盤如何變化，投資人還是可以從股市中獲利。

我就是堅持「5 要 6 不」原則，靠 11 招穩健獲利，即使在 2020 年 3 月台股走跌後，短線操作仍能創造出近 8% 的獲利。

投資股市賺的是「趨勢財」

全球疫情尚未結束，但是台股在 2021 年寫下許多亮眼紀錄卻是不爭的事實，不只大盤指數創新高，成交值、整體市值、千金股檔數、上市櫃營收與獲利、零股交易量等都創新高。2021 年全球經濟從疫情中谷底反彈，成長率達 5.9%。

進入 2022 年，很多投資人心中的疑問是：台股 2021 年不斷創新高，創新高後還可以買股票嗎？還有獲利空間嗎？會不會成為最後一隻老鼠？2022 年 2 月底爆發俄烏戰爭，眼看 2022 年美國聯準會將持續升息，應該如何操作才能穩中求勝？

我的看法是，行情好的時候有表現差的個股，行情不好的時候也有表現好的個股，現在是景氣相對好的時間，股市熱錢還很多，而且還會繼續熱，只要多留意個別公司的營運動態與變化，快狠準買對主流股，加上嚴格遵守我建議的操作 SOP，个用擔心高檔賺不到錢。投資股市賺的是「趨勢財」，順著趨勢走準沒錯。小米創始人雷軍的「飛

豬理論」大家耳熟能詳，他說：「站在風口上，豬都會飛。」這句話的意思是創業成功要先找到風口，順勢而為，也就是《孫子兵法・兵勢篇》裡說的：「故善戰人之勢，如轉圓石於千仞之山者，勢也。」換句話說，善於指揮打仗的人懂得造「勢」，好比讓圓石從極高之處滾落，順勢而下，勢不可擋。

　　我認為投資股市也當如此，要順勢而為，如果趨勢走多就做多，千萬不要逆勢而為，只要趨勢與風向抓對，選對善於造「勢」的標的，也就是主流股，甚至從主流股中找到飆股，你也可以在股市中做一隻快樂數鈔票的「飛豬」。

　　趨勢與風向很重要，指的是投資大環境，也可以是產業與個股表現。雖然 2021 年全球經濟谷底反彈，但是疫情、通膨與供應鏈的後續發展都與美國聯準會的利率決策高度連動。

　　尤其疫後全球央行為搶救經濟而瘋狂印鈔票，大量熱錢流入原物料市場，連帶造成物價上漲與通膨。而為抑制通膨，美國聯準會已經在 2022 年 3 月中旬宣布升息 1 碼，

台灣央行也跟進升息 1 碼。

　　要留意，聯準會的利率走向直接影響資金動向，升息通常對成長股不利，對金融股有利，降息則相反，這些都會影響股市動能與選股策略，所以投資人應該特別關注接下來美國聯準會的動向。

　　另一方面，疫情延燒 2 年，雖然靠升息可能解決資金過剩問題，但過去 2 年間缺工、供應鏈瓶頸、塞港、晶片荒等問題，還有待各國政府一一解決。而疫情造成的供應鏈缺料及重複下單等「供不應求」的榮景，在往後各國逐步開放邊境、防疫鬆綁後，疫後新常態下的產業真實狀況到底如何也有待觀察。

　　美國聯準會未來動向還有許多不確定性，況且 2022 年開年還有一項新的變數，就是 2 月底爆發的俄烏戰爭，市場擔心俄羅斯對烏克蘭發動攻擊可能加劇通膨，這個變數是否促使聯準會採取更為鷹派的做法，讓未來的升息幅度超出預期，這些國際局勢牽一髮動全身，台灣股市也無法置身其外。

　　我還是要強調，投資股票不要預設立場，對於趨勢、行情或操作面上都是如此，因為不論如何神準，任何國家的股市絕對高點或絕對低點都不是我們可以預估的。在股市不斷創新高的時候，我們要在意的不是股市相對高低點位置，而是要在意盤勢的後續動能。

　　2021 年開始，美國聯準會就不斷撒錢，這當然對國際股市有相當的推升力道，加上台灣本身產業的業績面、題材面都在走高，促使台股有機會繼續往上衝。對於多數投資人來說，創新高好像很恐怖，但是對於一個國家來說，股市創新高的時候，不用在意它是否處於歷史的相對高點，或是在一個相對高風險的位置。

　　當然，風險要留意，但投資人更應該注意當時的業績或資金面等市場動態，這些面向才能決定股市的未來，而不是看到創新高就覺得害怕。

　　觀察自 2020 年～ 2021 年的台股大漲，主要受惠於美國聯準會降息，資金寬鬆，加上台資回流的推波助瀾，使台股有持續走高的機會。另一方面，台灣半導體或其他相

關產業獲利逐漸走高,使得台股處於基本面與資金面同步發酵的行情。

我們可以看到在台股創新高的過程中,成交量往上升,又帶動新的參與者及新的市場題材,產生新的發酵機會,所以這段創新高後的過程中,我一直認為可以繼續買股票。儘管 2022 年 1 月初台股創下 1 萬 8,619 點之後進入回檔走勢,3 月開始在年線附近徘徊;但我認為拉回之後,只要年線仍維持上揚的局面,在量縮整理後,還是可以適時尋找進場機會。

4股壓力可能造成台股下修

至於台股何時可能出現明顯的下修?我認為有 4 股比較大的壓力:

1. 資金浪潮何時結束,這部分主要觀察美國聯準會的後續動作及升息的步伐。

2. 美國擴大基礎建設在資金面上似乎不太順暢,由於這

一波股市上漲的其中一個原因是各國的財政政策支持，如果前述資金出問題，會讓台股產生或多或少的壓力。

3. 疫情發展，未來如果沒有新一波嚴重的疫情爆發，台股不至於再受到明顯的衝擊。

4. 訂單過度問題，這個現象可能對電子產業影響較大，萬一重複訂單嚴重，可能會給電子業帶來業績盤整的壓力。

所以，如果你問我台股會如何發展，是否該進場或何時該進場？我的建議是，先不要預設立場，觀察國際趨勢與盤勢怎麼走、市場狀況如何，再決定適合的操作策略，但是萬點可以買股票嗎？

當然可以！就算有專家預測 2022 年美國通膨還會持續延燒，景氣復甦尚有疑慮，台股加權指數已經來到 1 萬 6,000 點至 1 萬 8,000 點的高檔，我還是會說可以進場，只要「選對主流股」！

至於什麼時候可以進場？歷史統計數字告訴我們，每年

11 月到隔年 2 月～ 3 月都是可以進場買股的時間點，每逢重大利空時可能從高檔回檔約 15%，對照目前的股市行情，都是可以大幅買進股票的機會點。

　　我們永遠不知道高低點在哪裡，但是過去的經驗告訴我們，股市好的時候可能有高達 500 檔、600 檔漲幅超過 1 倍以上的「飆股」，就算股市再不好，也會有 100 檔以上的「好標的」。錢在哪裡，哪裡就有行情，所以，跟著聯準會的腳步走就對了，至於如何選對站在趨勢與風口上的主流股以提高勝率，我會在後面的章節中說明。

1-2 ▷ 想賺股市財 先了解自己的投資屬性

　　投資股市成功或失敗是 80/20 法則，80% 的投資人站在賠錢的那一方，只有 20% 的投資人站在賺錢的那一方。我投資股市 20 多年來，一路走來不是全無風雨，但是賺多賠少，所以能持盈保泰，不會被市場洗掉，投資技巧全靠一點一滴的累積。

　　我的投資初體驗是在 1997 年前後，那時正在服預官役，沒有手機可以看盤，而是聽廣播報價、看報紙、看《財訊》、看倚天軟體買股票。

　　那時台股站上 1 萬 393 點，市況不錯，接觸到當時很紅的台積電（2330）、聯電（2303）、台達電（2308）、華通（2313）、鴻海（2317）等電子股，還有紅極一時的中環（2323）、錸德（2349），雖然手裡只有 10 幾萬元的閒錢，但因為大盤好，幾乎是買什麼賺什麼。

遭遇網路泡沫，200萬資金僅剩不到60萬

　　我大學念的是經濟，平日會花時間做功課，也會試著找投資趨勢，從生活經驗中找投資靈感，找主流股。因為資金有限，一開始採現股買賣，主要鎖定中環、錸德、華通等股價比較平易近人的個股。

　　那時因為當兵，只有中午時間可以看盤，下單還要打營區的公用電話，所以我的操作策略比較偏中短線，持股天數約 6 天至 8 天，獲利 10% ～ 20% 我會先獲利了結。我很早就注意到理財書籍的特別提醒：停損很重要，所以我會設定約 10% 的停損點，以及如果挑選的個股 10 天不漲就賣。這樣的操作模式讓我在很短的時間內，把 10 幾萬元的資金放大到 200 萬元。

　　當時，老實說沒有固定什麼投資策略，因為沒有什麼挫折，也不認為自己的操作方式有何不妥之處。我會跟其他人討論投資心法，也會參加投顧老師辦的演講會，除了聽聽所謂的「明牌」，也會仔細聽老師們講解技術分析；放假在家會盯股市解盤節目，一點一滴學習，累積功力，磨

練判斷力，投報率真的不錯。

　　順風順水 2 年、3 年，當全世界都在討論「.com」，我也開始買進網路股，沒想到 2000 年網路泡沫化，曾經嘗到的甜頭很快獲利回吐，這一波網路泡沫化讓我很受傷，開始認真思考我的投資人生。

　　回顧這場投資人生中的第一次滑鐵盧，當時大家看好美國 .com 股票會漲，我也認為應該有機會，所以資金幾乎全部壓在網路股。後來網路股一夕變色，買進的精業（已下市）最高曾飆到 300 多元，最後跌到只剩 10 幾元；慘的是當時大盤連續重挫，根本沒有時間跑。因為錢都壓在這檔個股上，而且還使用融資擴大槓桿，後來已經沒有多少子彈可以反向操作，最後賠掉 70% 左右的資金，剩下 50 萬～ 60 萬元。

　　雖然還沒有到融資追繳的慘烈程度，我也因為提前出場不至於血本無歸，但輸的感覺真的很不好，讓人很沮喪。看到很多人一夕之間血本無歸，我很慶幸至少還留下 50 萬～ 60 萬元的資本，未來還有機會再戰，應驗了古人那

句話：「留得青山在，不怕沒柴燒。」這時我更體會到停損的重要性，也明白趨勢可以創造財富，也可以讓人滅頂。

2003 年後因為 SARS（嚴重急性呼吸道症候群）疫情，讓台股再次陷入一次低點；2008 年金融海嘯更是血洗全球金融市場；2020 年新冠肺炎疫情爆發震撼全球；2022 年再爆發俄烏戰爭。

我已經走過好幾個多頭與空頭，找到適合自己的投資心法與看盤技巧，加上後來有幸到《財訊》工作，快速累積市場基本面及產業面資訊，學會用總體經濟指標判讀市場趨勢，逐漸淬煉出高勝率的順勢操作策略，並且悟出屬於自己的投資心法，這部分我會在後面的章節分享。

幾個 10 年過去，老實說，我再也沒有「賠很多」的經驗，嚴格執行投資心法下，雖然有賺有賠，年獲利至少有 10%，多則 80% ～ 1 倍，除了執行停損不鐵齒、不拗單，我還有個好習慣，那就是不攤平。如果這檔股票賠錢就賣掉，漲時就加碼，比方 10 元買進，再漲時我會在 20 元加碼。而停損都設在 10%，只要跌到設定價位，毫不戀棧地

賣掉持股,長期操作賺多賠少,而且穩健獲利。

投資人須建立自己的操作心法

很多投資人問我如何在股市賺到錢?我認為,首先要了解自己的投資屬性。當然對大部分的投資人來說,走進股市就是想要獲利,但你究竟適合短線操作或中長線投資?適合價值型投資還是成長型投資?對於風險的承受度如何?這些都會影響操作邏輯與獲利結果。

如果你喜歡短線當沖,你可以往短線當沖的操作方式走;如果你喜歡做中長期投資,可以留意中長期投資標的與操作策略。無論如何,先了解自己的投資屬性絕對是進入股市的第一個門檻!

接下來,要嘗試了解股票市場的運作原則。股票是資本市場(Capital Market),所以你要了解整個資本市場的運作狀況及語言,包括從總經面、各國政府政策與心態著手,同時要掌握各國政府的貨幣政策、財政政策、產業政策,才能真的了解各國的金融與投資狀況,因為全球金融

市場具有連動性，難保一個不起眼的「蝴蝶效應」不會讓台股打噴嚏，比方與台股及全球金融連動性高的美國金融政策就值得多留意。

另外，要了解個別產業狀況，產業特性不同，有所謂的景氣循環股，如航運類股，甚至個別產業還分上中下游。不同供應鏈或生態系也會導致產業族群的價值出現高低與變化，如電子類股。此外，還要進一步檢視個別產業的不同公司地位、發展前景等細節。

梳理這些細部資訊，能讓你更加了解市場趨勢。比方現在流行第三代半導體，可以思考哪些標的值得觀察；如果想參與這 2 年很夯的元宇宙熱潮，也得了解哪些股票具有元宇宙題材，這些都屬於基本面研究，也是進場買股票前要做的功課。

當然，操盤技巧也很重要，但相比之下，我更在意的是從制高點看股市大環境，比方現在是多頭還是空頭市場？如果是短期拉回的坐頭市場，操作上傾向觀望；如果是多頭市場，當然可以拉回買進。

投資人本身要建立自己的操作心法，包含如何判斷股市多空，決定進場、出場及停損點；股市操作不僅要看對，還要做對，這樣才有獲利的可能。

另外，我認為投資心態很重要，一定要平常心，了解股市的邏輯與語言，切忌在股市過熱時失去理性、在股市過冷時跟著大家恐慌。說穿了，股市投資是一場跟自己心理競賽的過程，能夠維持理性、平衡才能做出好的判斷，更有機會在股市中賺到錢。

1-3 建立自身投資策略 紀律操作持盈保泰

2000 年前後買的精業（已下市），可以說是我投資生涯中賠最多的一檔個股。回頭看當初的心理狀態，跟多數投資人一樣，不信邪，相信總有一天會反彈，所以堅持不賣，到後來根本賣不出手。如果在股價下跌後不拗單，從 300 元股價硬是等到剩下 200 元，可能受傷不那麼慘重。雖然當時年輕，賠錢的承受力高，但畢竟沒有人喜歡賠錢，沒有人會拿自己的錢開玩笑。

當我手中只剩下 50 萬～ 60 萬元時，我開始認真檢討如何精進投資技巧；我開始上課、看更多投資理財類書籍。進入《財訊》工作後，做很多基本面研究，也學習技術指標，更從社長謝金河、共同創辦人孫文雄身上學習到如何觀察趨勢。當時我才明白，之前學的基本面多半聚焦在消息面，不太觀察營收與產業基本面，也才發現自己以前真的是很勇敢，這樣也敢衝。

很多投資人也跟年輕時的我一樣，投資獲利多半是因為運氣好，所以操作心態與操作績效很容易隨大盤起伏。但運氣不是每天有，一場股災就可能一切歸零，所以投資不能靠運氣，要憑實力。

賺主流股上漲波段，看錯絕不拗單

後來我嚴格執行自己設定的心法及操作原則，該出場就出場，看清楚狀況就不會拗單，賺錢時也能盡量多賺一點，賠錢時賠得少一點。我也慢慢理解到自己的投資屬性是「穩健獲利型」，但也不會放掉尋找飆股的機會。

除了要了解自己的投資屬性，我也體會到，錢是坐著賺，不是靠操作賺；所以我不太會單靠技術面殺進殺出，而是嚴格執行「由上往下」的操作原則，分析趨勢，順勢而為，機械式操作，嚴守紀律，10% 停損價位一到就出場。

所謂「由上往下」的操作原則就是從宏觀到微觀，從大環境的趨勢面看多空，比方美股狀況好台股就會好；再往下看各國產業狀態，從產業面看公司基本面與營收，接著

搭配技術面指標多方評估確認。由下而上則是從個股的基本面往上看，也就是從點先看，或是只看個股的技術線型。

不論是由上往下或由下往上，嚴格來說沒有對錯，但如果你是投資新手，選擇由上往下看相對安全，先判斷趨勢，正確掌握趨勢通常都賺得到錢；但如果你已經有投資經驗，甚至對個別產業很了解，也可以從產業面著手。不過，相比之下，由上往下勝算比較高。

主流股、飆股都放進口袋名單，靈活調整持股

進入《財訊》後，我慢慢調整自己的投資策略，而且固定下來，比方設定一檔股票可以賺 40% ～ 50%，雖然看起來不多，但如果每次操作都有一定的績效，累加後成果頗豐。這裡要特別提醒投資人，我們不是神，不可能每一次都精準抓到機會，在第一時間買股或賣股，只要每次掐頭去尾獲利可以達 10% ～ 20%，就很不錯了。

所以，我們也要想辦法找到有機會上漲 5 倍～ 6 倍的股票，否則賺不了大錢；如果可以找到漲 5 倍～ 6 倍的主流

股或飆股，掐頭去尾後，賺個 1 倍～ 2 倍不為過。這就是我的投資策略，只要「小賺」或「大賺大於小賠」，平均報酬率也是相當可觀。

不過，股票上上下下，產業面起起伏伏，通常我的做法是靈活調整持股或進出點，畢竟業績反映股價；如果看好這檔股票或產業，我會用技術面去操作，方法是從頭到尾持有這檔股票。

以 2021 年的飆股長榮（2603）為例，我的操作是先買進 100 張，短線漲約 20%～ 30%，先賣出 30 張～ 40 張，如果持續看好長榮，拉回再買回。如此上下調整，但手中的大部分持股仍在，只是以短線上下操作的方式賺價差。

我的投資策略固定，但口袋名單經常更動，主要因為產業面隨時在變，鎖定的好標的也會隨時動態調整。比方長榮已經往下走，我就不會再看它，而是再找其他新興股票或產業，隨時留意有沒有新的投資價值與機會。當然，如果長榮還有表現空間，也有可能會再度出現在我的口袋名

單中。不過，我不貪心，一般手中持股約 3 檔左右。

不求每戰必勝，但看錯股票必定壯士斷腕

　　1-2 提到柏拉圖的 80/20 法則，股市中 80% 的投資人賠錢，20% 的人賺錢，事實上，屬於那 20% 的人也不是只贏不輸，沒有所謂的常勝將軍，只要贏多輸少，但如果你願意花 80% 的時間悉心照顧 20% 的股票，已經離成功不遠。所以我也建議投資人，手中持股不要超過 5 檔，我們應該花 80% 的時間專心照顧 20% 的股票，而不是花 20% 的時間照顧 80% 的股票。

　　按照維持多年的投資方式，我只能說自己是賺多賠少，不賠不可能，以或然率來說，可以正確 60% 就很厲害了。我的操作方式可以維持長期賺多賠少，只要每一年的獲利穩當，不會大起大落。

　　另外，因為我主要是順勢操作，所以我非常嚴格執行 10% 停損出場的紀律，先出場後再觀察，沒有問題再進場；但是如果還是跌或不如預期，一樣設定跌 10% 停損出場，

所以多年來我很少受傷。

很多原因可能造成大盤不如預期，如 2020 年～ 2022 年陸續發生新冠肺炎疫情、俄烏開戰，或是產業景氣突然出現問題；無論如何，只要發現進出點錯誤，我會承認錯誤，先出場再做打算。大部分投資人失敗在不肯承認錯誤，不死心、不甘心而遲遲不肯出場，甚至出現「斯德哥爾摩症候群」，愛上讓你受傷的股票，砍不下手，但是我早已不再犯這種錯誤。

如果你是屬於無法落實停損紀律的投資人，其實不太適合在股市遊走，因為這樣很危險，只要一次錯就無法翻身。我有一位朋友曾買進國巨（2327），看它一路往上漲到 1,300 元，之後反轉一路跌到 300 元以下，但是因為他不肯承認判斷或操作錯誤，一直相信國巨還會再起，所以一路等，一路賠，然後就被市場洗出去了。

真的，投資股票要有壯士斷腕、承認錯誤的勇氣，可能有那麼一次拗下去會成功，但只要失敗一次就完全滅頂，沒有翻身機會。

機械化的穩健操作模式，躲過多次股市空頭傷害

善於追逐趨勢的德國股神安德烈‧科斯托蘭尼（André Kostolany）認為，行情＝資金＋心理，左右股市長期表現的關鍵是基本面。股市中、短期漲跌中有 90% 是受投資人心理情緒所影響，如果投資人的情緒對整體經濟狀況的看法是樂觀的，也有多餘的閒錢可以投資，他們會願意買進股票；即便實際經濟形勢可能導致股市下跌，股市還是會因為市場的樂觀情緒而上揚。由此不難看出投資人心理對於股票市場的影響。

2020 年年初疫情爆發後，投資人變得比較悲觀，當時我同樣嚴守停損紀律，手中持股砍在 1 萬多點，之後出場觀望；等大盤跌到 8,000 多點前後，才又再進場短線操作，但不會把所有資金投入股市。

對我來說，股票投資不是賭局，我不會用賭徒的心態操作股票；我的做法是每次投資都認真對待，持盈保泰，每年賺多賠少就好，而且我不會被一次行情洗出場。比方 2000 年網路泡沫化、2008 年金融海嘯，如果當時我抱

著賭徒的心態豪賭所有，早就一次歸零。同理，如果你老是做一段時間就歸零，反覆如此，想在股市賺錢很難，有這樣的心態也不適合投資股市。

投資股市還要體認到一個重點──想在股市裡賺錢，得先知道怎樣在股市裡存活下來。遭遇過幾次多空行情，我發現在多頭市場裡賺錢並不是太困難，趁勢進場，一次要賺 5%、10% 都是家常便飯。但是要躲過空頭不容易，比方 2020 年疫情導致的股災，很多人一開始沒跑掉，結果砍在最低點，損失 20%、30%，甚至腰斬；要知道，如果賠了 50%，下一波操作得要獲利 100% 才能賺得回來。

我的操作會採取機械式的停損，不論多空，行情好時賺 10%，行情不好時 10% 停損出場，最後頂多不賺不賠，不會拗單、不會攤平。所以很多投資人問我，是否曾經在股市裡慘遭滑鐵盧？除了 2000 年網路泡沫栽在精業這檔股票上，後來 20 年，不論行情好壞，每年都能維持令人滿意的投報率，在多頭市場來臨時年報酬甚至可以有 1 倍。

因此我認為真正的股市贏家與輸家，決勝點是在空頭市

場。雖然台股多數時候都是多頭，但也別忘了過去的歷史告訴我們，每 10 年台股可能面臨一次空頭，比方 2000 年、2008 年，只要碰到一次沒躲過就完了，有把握空頭來時跑得掉才是功力。多頭來時，膽量大的人會賺到很多錢，但是空頭來時，膽量大的人會死得很慘，所以如果你仍抱著賭徒的心態投資股市，真的要趕緊調整心態，機械化操作模式可以避免人性造成的慘賠。

　我認識很多大戶或在股票市場賺很多錢的專業投資戶，他們的基本面都很扎實，也不乏有人採價值型投資，所以都能賺到大錢。他們都有一個共通點，就是很有紀律，不輕易改變自己的操作風格，穩紮穩打。我的操作模式也是以穩健為主，否則很容易上上下下，在股海中沉浮。

　如果是股市新手、希望穩健獲利的投資人很適合這套操作模式，理性、自制、嚴格執行、遵守紀律，搭配基本面操作，獲勝機率就很大；少輸為贏，受傷不多才能持盈保泰，留住子彈，下一個機會來臨時還可以進場再戰。

第 2 章

解析總體經濟
洞悉市場變化

2-1 了解熱錢流向 才能抓住股市上漲契機

　　我的操作習慣是由上往下，從趨勢面到產業面，再到技術面等環節，層層梳理歸納，找出主流與飆股。趨勢面包含全球金融市場的發展狀況，也就是總體經濟概況。

　　很多投資人問我，如何從總體經濟概況去看股市，他們認為股市跟經濟、景氣有時候好像沒什麼關係，但是有時候似乎又有很大的關係，不知該如何拿捏。從投資角度上，到底該如何看待經濟、景氣？

股價表現通常會領先總體經濟數據、景氣

　　最好的例子就是 2020 年，新冠肺炎疫情明明讓全球多數國家經濟陷入衰退，出現負成長，景氣蕭條，但是卻有不少國家股市上漲。美國是全世界經濟衰退最嚴重的國家，2020 年第 1 季國內生產毛額（GDP）萎縮 4.8%，

圖1　**2020年第2季美國GDP大幅衰退32.9%**
美國實質GDP成長率走勢

註：資料期間為 2011.Q4 ～ 2021.Q4　　資料來源：財經 M 平方

是 2008 年金融海嘯以來最急劇的衰退步調；第 2 季更慘，美國政府公布的第 2 季經濟成長率竟然高達負的 32.9%，創下歷史紀錄，這樣的數字很多投資大師都沒見過（詳見圖 1）。

　　經濟衰退如此嚴重，加上疫情肆虐，當時很多投資人都嚇壞了，不敢進場投資股票，沒想到卻錯過美股報酬最美

圖2 美股因疫情暴跌後強勁上揚，一路創新高

道瓊工業平均指數月線圖

註：資料期間為 2016.01.04 ～ 2022.03.08　　資料來源：XQ 全球贏家

好的一段。

　　道瓊工業平均指數（簡稱道瓊指數）在 2020 年 3 月暴跌之後，展開強勁的上漲行情，不僅在 2020 年年底收復疫情爆發之前的高點，甚至一路創新高，2021 年 7 月 23 日道瓊指數首度站上 3 萬 5,000 點歷史新高的里程碑（詳見圖 2）。

圖3　台股受國際疫情衝擊大幅下跌後反彈創高

台灣加權指數月線圖

註：資料期間為 2016.01.04～2022.03.09　　資料來源：XQ 全球贏家

　　台股也出現一樣的情況。台灣疫情雖然不像國外那麼嚴重，但是全球不斷傳來經濟、景氣、疫情的壞消息，很多台股投資人同樣不敢進場。不過，沒想到壞景氣竟然也有好行情，台灣加權指數 2020 年 3 月暴跌之後，同年 11 月站上 1 萬 3,000 點的里程碑，不僅超越疫情之前的 1 萬 2,197 點高點，而且繼續上攻，2021 年 7 月站上 1 萬 8,000 點（詳見圖 3）。

　　疫情肆虐、經濟表現不佳之下，美股與台股雙雙從谷底翻身，持續挑戰歷史高點，很多投資人都來問我：這是什麼情形？這代表景氣跟股市沒什麼相關，對不對？我的答案是「相關」，股價表現通常領先總體經濟數據、景氣，所以不能用景氣去看股市，要從股市看景氣。景氣與股市，就像老人與狗，股市像狗一樣，在老人身邊晃來晃去。

錢在哪裡，市場就在哪裡

　　然後，大家又問我，那麼，投資股市是不是不用看總經面？我的答覆還是「要看」，總經指標有很多，不過最重要的還是資金，錢最重要，整個經濟體要運作起來，靠的就是錢。所以操作股票或任何金融市場商品，一定要知道這一點「錢在哪裡，市場就在哪裡」；錢往哪裡去，哪裡就會漲，如 2021 年台股站上 1 萬 8,000 點，就是熱錢推升出來的大行情。

　　我常對投資人說：「股市上漲靠鈔票，下跌靠恐慌。」股市下跌的速度通常比上漲快，因為恐慌容易快速引爆投資人情緒，短時間大量拋售股票，而上漲則需要時間醞釀，

緩步緩步漲上去，才能建立投資人信心，所以股市一定是
下跌時間短，上漲時間慢。

　股市要緩步、緩步地上漲，靠的正是資金的堆疊。市場
就是這樣，不是經濟指標不重要，而是要看懂對股市真正
有重大影響的重要指標。很多經濟數據都是落後的，都是
過去的東西，當成參考就好，只有錢不是；投資人要懂得
怎麼去看與錢有關的指標，然後跟著錢走，錢在哪裡就去
哪裡。

　總體經濟的錢往哪裡走，看美國聯準會（Fed）、各國央
行的政策而定，尤其是聯準會，它是全球重要指標機構，
一舉一動都牽動全球央行的動作。所以為什麼我們一直都
很在意聯準會的舉動，因為它決定了全世界的錢潮要往哪
裡走。此外，我們也關心台灣央行的動作，因為它決定台
灣的資金動向，錢在哪裡，市場就在哪裡。

　美股之所以在 2020 年 3 月暴跌之後開始拉升，主因除
了政府緊急在當年 3 月底通過美國史上規模最大的 2 兆美
元紓困方案，對民眾發放現金紓困；更重要的是，聯準會

火速採取量化寬鬆貨幣政策（QE），3月就急速降息6碼，創下近40年來單月降息紀錄，將利率從1.5%～1.75%連續降至0%～0.25%，重現金融海嘯時期趨近於零的零利率政策。

聯準會同時於2020年3月底啟動QE，將QE升級為無上限QE，承諾無限量買進包括長短天期政府公債、公司債與地方政府市政債在內的債券，以壓低借貸成本。之後維持每月1,200億美元的購債計畫，每月收購800億美元的國庫券與約400億美元的不動產抵押貸款證券（MBS），直到美國經濟復甦，站穩腳步為止。直到2021年下半年，美國通膨率開始明顯提升，2022年3月中旬聯準會終於宣布升息，正式揮別過去的零利率，啟動升息循環。

為什麼聯準會一開始就用錢去救經濟？因為景氣、股價要靠錢堆出來，所以聯準會說穿了就是要透過股市、房地產來搶救經濟。股市是經濟的櫥窗，是人們對經濟的信心，也是企業主要的籌資管道，而房地產則是帶動經濟的火車頭。當經濟不好的時候，股價上漲、房地產上漲可以讓民

眾財富增加;而且當股價上漲,房價也在上漲,大家會對經濟抱持比較正面樂觀的看法,也比較願意多消費,可以創造貨幣效果,提振消費、提振經濟。

所以,對聯準會來說,透過錢來維持股市、房市,可以達到刺激經濟的目標。事實證明,聯準會的 QE 對於拉抬經濟、股市、基本面與信心面都有很好的效果,這樣的效果還會外溢到全球,尤其是與美國經貿密切的亞洲與台灣。

聯準會在 2008 年金融海嘯發生時首次使用 QE 手段,對美股產生很好的上漲效果(詳見圖 4),而且連帶激勵亞洲股市上漲;其中,台股漲幅最大(詳見表 1),因為台灣是出口導向經濟體,美國是主要的出口市場。同時,台灣也是美國科技產業重要的供應鏈,台股與美股連動密切,美股好,台股自然也會好。

2020 年這次聯準會因應疫情而推出的 QE,一樣帶動美國經濟、美股,以及台灣經濟、台股的表現。簡單來說,資金就是點燃股市的柴火。當景氣好的時候,資金動能來自企業獲利,所以會漲;當景氣不好的時候,資金動能來

圖4 **聯準會實行QE，支撐美股逆勢上漲**
金融海嘯期間美股3大指數走勢

註：資料期間為 2008.09～2012.06　資料來源：國家發展委員會《經濟研究》
年刊第 13 期「美國量化寬鬆貨幣政策之分析」，作者為汪震亞、蔡育儒

自「央媽」（中央銀行）的 QE，所以還是會漲。不過，大家千萬不要以為「央媽」每次都會出手，QE 會帶來國家財政資產負債的問題，非不得已是不會動用的。

聯準會第 1 次採用 QE 是在 2008 年發生百年金融海嘯的時候，第 2 次就是 2020 年疫情帶來二次大戰後所見到

表1 聯準會實行QE，亞洲股市同步受惠

金融海嘯期間亞洲股市表現

貨幣政策	起訖日*	台灣加權股價指數	上海A股指數	香港恒生指數	日經225指數	韓國綜合股價指數	新加坡指數
金融海嘯初期	2008.09.15	6,311	2,183	19,353	12,215	1,478	2,571
	2008.11.24	4,161	1,993	12,458	7,911	970	1,620
	漲跌幅	-34.07	-8.70	-35.63	-35.24	-34.37	-36.99
QE1第1階段	2008.11.25	4,161	1,993	12,458	7,911	970	1,620
	2009.03.31	5,210.84	2,490.71	13,576.02	8,109.53	1,206.26	1,699.99
	漲跌幅	25.23	24.97	8.97	2.51	24.36	4.94
QE1第2階段	2009.04.01	5,210.84	2,490.71	13,576.02	8,109.53	1,206.26	1,699.99
	2010.03.31	7,920	3,260	21,239	11,090	1,693	2,887
	漲跌幅	51.99	30.89	56.44	36.75	40.35	69.82
QE1全期漲跌幅		90.34	63.57	70.48	40.18	74.54	78.21
QE2推出前	2010.08.27	7,689.74	2,727.53	20,612.06	8,906.48	1,729.76	2,925.87
	2010.11.02	8,379.75	3,199.49	23,652.94	9,154.72	1,914.74	3,192.18
	漲跌幅	8.97	17.30	14.75	2.79	10.69	9.10
QE2執行期間	2010.11.03	8,379.75	3,199.49	23,652.94	9,154.72	1,914.74	3,192.18
	2011.06.30	8,652.59	2,893.53	22,398.1	9,816.09	2,100.69	3,120.44
	漲跌幅	3.26	-9.56	-5.31	7.22	9.71	-2.25
QE2全期漲跌幅		12.52	6.09	8.67	10.21	21.44	6.65

註：1. 漲跌幅單位為%，2.* 起日為前1日收盤價、訖日為當日收盤價
資料來源：國家發展委員會《經濟研究》年刊第13期「美國量化寬鬆貨幣政策之分析」，作者為汪震亞、蔡育儒

的經濟大衰退。

聯準會貨幣政策牽動全球市場神經

說了這麼多，重點只有一個，就是大家一定要把握聯準會實施 QE 的時候，這是財富大翻轉的好時機。許多「資深」股民一定對於 2008 年金融海嘯之後，股市大反彈帶來的豐厚獲利有深刻印象，原本腰斬再腰斬的股價，後來不僅漲回來，還漲了好幾倍。如果那時有膽量逢低撿股票，獲利更是可觀。而 2020 年的疫情，又重現一次股市重創後大幅反彈創新高的戲碼，有把握到這波漲勢的投資人同樣獲利豐厚。

不過，天有不測風雲，2022 年 2 月俄烏大戰開打，壓抑股市表現。2022 年 3 月中旬聯準會宣布升息，甚至預告接下來還會再繼續升息，並暗示 5 月可能一次升息 2 碼；面對升息環境，市場免不了陷入動盪、反覆拉回，操作台股要稍微謹慎一些。不過，投資人也不要因為畏懼波動就退場，股市還是有很多好的投資機會，找到合適的操作策略與標的還是大有可為。

　　因此，投資人一定要了解聯準會的運作方式，以及如何解讀聯準會政策，還要了解與通膨關聯度高的美國 10 年期公債殖利率走勢，以及原物料價格對產業獲利的影響。關於這些，我會在後面的章節說明，協助投資人掌握總經面的幾個觀察重點，進而擬定適當的投資策略。

2-2 透過2祕訣 掌握聯準會決策動向

　　市場要漲，錢最重要，對全球資金影響力最大、最重要的組織就是美國聯準會，它的正式名稱是美國聯邦準備理事會（The Federal Reserve System），簡寫為 The Fed，中文簡稱為聯準會。

　　聯準會是「喊水會結凍」的超級重量級權威單位，很多人都以為它是美國政府官方組織，其實不是。聯準會是一個半官方機構，不是國營企業，是由美國銀行與美國政府一起出資成立的機構，目的在於維持獨立性。

　　聯準會是美國聯邦準備系統的主管機關，也就是美國的中央銀行。美國的「聯邦準備系統」是由 3 大主體組成：聯準會、聯邦準備銀行（Federal Reserve Bank）、聯邦公開市場委員會（Federal Open Market Committee，FOMC），聯邦準備銀行算是聯邦準備系統運作的執行機

圖1　美國貨幣政策由聯邦準備系統制定

美國聯邦準備系統

資料來源：美國聯準會

構，所以主要重點還是放在聯準會與聯邦公開市場委員會，它們是美國貨幣政策的最高決策單位（詳見圖1）。

　　由於美國景氣好壞對全球經濟有極深遠的影響，所以聯準會的貨幣政策受到全球金融市場的密切關注。聯準曾有其日常的貨幣政策工具，如存款準備率、重貼現率、公開

市場操作等。

在聯邦準備系統中，實際管理政策工具的單位是FOMC，公開市場操作的最主要工具就是聯邦基金利率的調整，被視為利率走向的風向球，一舉一動動見觀瞻。

因此，市場會特別關注FOMC利率決策會議的舉行，因為這關係到資金行情能延續到何時。至於如何掌握，我在後面會說明。

美國利率分為短期利率與長期利率，其中短期利率是由聯準會決定。我們在媒體上經常看到的聯準會美國利率決策會議，主要是決定美國的短期利率，也就是說，3年期以下的利率是由聯準會決定。

長期利率則是美國的公債殖利率，主要看10年期公債殖利率。所以為什麼我們要注意美國10年期公債殖利率高低，因為它代表美國的長期利率，這也是聯準會為什麼要去買公債的原因，壓低公債殖利率就能讓長期利率往下跌。可見美國利率的決策過程，與其他包含台灣在內的國家是

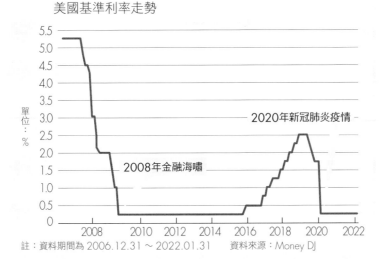

圖2 2008年、2020年利率皆降至趨近於零

美國基準利率走勢

單位：％

2020年新冠肺炎疫情

2008年金融海嘯

註：資料期間為2006.12.31～2022.01.31　　資料來源：Money DJ

由央行決定利率的做法很不一樣。

聯準會運用提高貨幣供給量、購債等方式救市

　　聯準會的利率動向會牽動資金動向，所以很重要，比方升息普遍被認為對成長股不利，對金融股有利；降息則正好相反。但是，當聯準會為了救經濟而把利率維持在趨近零（詳見圖2），並且大舉推出量化寬鬆貨幣政策（QE）

時，QE 對金融市場的影響更大，投資人應該特別關注。

　　所謂「量化寬鬆」是一種非正常的貨幣政策，由一國的貨幣管理機構（通常是中央銀行）透過公開市場操作，以提高實體經濟環境中的貨幣供給量，相當於中央銀行間接增印鈔票在市場流通。

　　聯準會第 1 次實施 QE 是在 2008 年百年金融海嘯危機後，當時因為聯邦利率已經趨近於零，降無可降，沒辦法用傳統貨幣政策工具來解決史上經濟大問題，所以聯準會變通推出 QE，主要是到市場購買長年期公債與不動產抵押貸款證券（MBS）。2020 年新冠肺炎疫情引發史上罕見的經濟大衰退，聯準會也是透過每月收購 800 億美元公債和 400 億美元 MBS 來支撐經濟，直到就業和通膨達到聯準會設定的目標。

　　前面已說明，美國的長期利率主要是參考 10 年期公債殖利率，在聯準會利率已經趨近於零的情況下，短期利率差不多是零利率了，聯準會又大量買入長年期公債再壓低長期利率，自然就會逼出存放在銀行的資金進入市場，尋找

更好的收益、更好的投資標的，如股市、債市、不動產……
等。2020 年疫情爆發後經濟衰退，聯準會推出 QE 後這
些資產都大漲，美國股市指數一直創新高，台股指數也是，
就是這個道理。2008 年金融海嘯危機後市場會上漲，也
是同樣的道理。市場熱錢太多了，自然要找出路。

多數人可以理解聯準會買公債的原因，但是對於聯準會
為何要買 MBS，就不是那麼清楚。MBS 是什麼？聯準會
為什麼會去買？這就要提到 2008 年金融海嘯。

MBS 是由美國 3 大房貸抵押證券發行機構──吉利美
（Ginnie Mae）、房地美（Freddie Mac）、房利美（Fannie
Mae）發行。在 2008 年金融海嘯前，3 家機構只有吉利
美是政府所有，2008 年次貸風暴發生後，房地美、房利
美岌岌可危，後來被美國政府接管，等於 3 家機構都成了
國營企業，它們發行的 MBS 也被視為經美國政府擔保的債
券，評級與安全性跟美國公債差不多，可視為公債替代品。

不過，聯準會買 MBS 還有另一個更重要的原因，就是美
國房貸利率是跟著 MBS 利率走，聯準會大量購買 MBS 可

以壓低美國房貸利率，讓美國民眾不用擔心在經濟不好時還不出房屋貸款，藉此穩住房地產市場，避免經濟更脆弱。

美國房貸利率的決策跟台灣很不一樣，台灣的房貸利率主要都是銀行參考銀行利率決定，遊戲規則掌握在大型行庫、央行手裡。美國不是，它們有一套供需法則，是按照 MBS 利率來決定，一旦壓低 MBS 利率，美國房貸利率自然就會跟著往下降，往下跌的話，最直接受惠的就是美國房地產。

大家都知道房地產是內需經濟火車頭，是很重要的內需產業，對於美國來說更是，住宅地產是美國最大單資產類別，根據美國商務部公開資訊，2020 年美國房地產的 GDP 占比為 12.9%，是美國非常重要的經濟支柱。聯準會這次每月購買 480 億美元的 MBS，就是要透過壓低美國房地產的利率，讓房地產重新活絡起來，聯準會在購買 MBS 的同時，房地產價格自然也會穩住，甚至回升（詳見圖 3）。

當利率低、報酬率好，市場流動性就會比較高，自然而

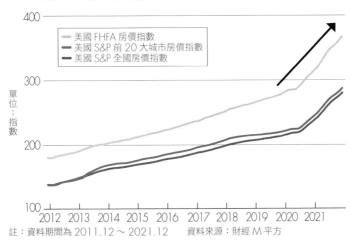

圖3 美國房價指數不受疫情影響，持續向上

美國3大房價指數走勢

單位：指數

```
400

        ━━ 美國 FHFA 房價指數
        ━━ 美國 S&P 前 20 大城市房價指數
        ━━ 美國 S&P 全國房價指數

300

200

100
    2012 2013 2014 2015 2016 2017 2018 2019 2020 2021
```

註：資料期間為 2011.12 ～ 2021.12　　　資料來源：財經 M 平方

然對房價造成支撐作用，會慢慢往上漲。美國房價確實上漲了，美國房價正創 1980 年代以來最大年度漲幅。當然，美國房地產交易熱絡的部分原因，與居家上班族群小房換大房需求增加有關，但主要還是聯準會購買 MBS 壓低房貸利率之故，漲到美國前財政部長薩默斯（Lawrence Summers）都跳出來說，美國房價飆漲令人恐懼，要聯準會不要再買了。

從金融市場飆漲、房地產大漲可以看出聯準會 QE 的威力，以及對投資的重要性。老一輩債券天王葛洛斯（Bill Gross）曾說，美國聯準會做什麼，跟著它做就對了，它的方向一定要留意，因為它已經告訴你未來的錢要怎麼賺。

投資人一定會問，美國經濟已經有起色，生活、商業活動、旅遊也因為疫苗施打率提高而解封，面臨升息循環的到來，股票市場、房地產市場是否就不漲了，甚至可能下跌，投資人該怎麼辦？

我的看法是，根據歷史經驗，當聯準會的 QE 準備退場，短期之內市場一定會回檔、陷入震盪，但是長期影響不大。道理很簡單，QE 退場代表經濟繁榮，企業獲利增加，市場不會不好，而且 QE 的退場都是慢慢退，讓市場有時間準備、調適，QE 退場的利空影響會慢慢鈍化。升息也是一樣，聯準會會逐步升息，避免企業借貸成本一下子拉太高；若是資金回流銀行速度太快，反而揠苗助長，澆熄經濟復甦的火種。

2022 年第 1 季，疫情仍不穩定，為經濟復甦帶來變數，

俄烏戰爭後續影響是否擴大仍有待觀察，但是無論如何，
美國經濟、就業已經走在復甦的道路上，投資人要密切注
意聯準會的動向。

祕訣1》掌握FOMC會議時間與會議紀錄

該如何掌握聯準會動向？有 2 個祕訣，第 1 個祕訣就是
掌握 FOMC 會議時間與會議紀錄。

FOMC 主要任務為制定美國的貨幣政策，它的貨幣政策
目標是在尋求經濟成長及通膨兩者間的平衡，訂定利率目
標區間，因此，FOMC 會議也被視為利率決策會議。

FOMC 的成員有 12 位，涵蓋聯準會主席、聯準會理事、
聯邦準備銀行行長，主席由聯準會主席擔任。

FOMC 每年固定會在華盛頓特區舉辦 8 次「利率決策會
議」，大約每 5 週到 8 週開會一次，聯準會官網會預先公
布會議日期，其中哪幾次會議會特別討論經濟情勢也會加
以標註，讓市場先有心理準備（詳見表 1）。

　　FOMC 會議結束後會發表政策聲明（Statement），內容會公布最新聯邦資金利率的目標區間（可能維持不變或調整），以及對當前經濟情勢、通膨狀況、就業市場的看法。通常會議結束後會由擔任 FOMC 主席的聯準會主席對外說明，詳細會議紀錄通常在每次會議結束後的第 3 週公開。

　　市場除了關注每次會議結束後所發表的政策聲明，由於會議紀錄暗藏玄機，其中會有 FOMC 成員對貨幣政策的詳盡觀點，因此也被視為掌握聯準會動態的重要文件，細心研讀的話，能找到未來利率動向的蛛絲馬跡。

　　其中，依據每一位 FOMC 成員對聯邦基金利率預測所繪製的利率預估點陣圖，就被市場視為利率前瞻指引，每季末公布都引起關注，如果點陣圖分布集中，代表官員對政策利率動向比較有共識，如果發散則顯示看法差距大，代表政策模糊，仍有不確定性，成為金融市場解讀聯準會貨幣政策動向的重要依據。

　　聯準會在 2021 年 6 月的利率點狀圖顯示，在 18 位官員中，13 人支持在 2023 年年底前升息至少一次，高於

表1　FOMC約每5週～8週開會一次

美國聯邦公開市場委員會（FOMC）2022年開會日期

2022年		公布內容
月份	日期	
1月	25～26日	◎政策聲明
3月	15～16日*	◎政策聲明 ◎經濟預測
5月	3～4日	◎政策聲明
6月	14～15日*	◎政策聲明 ◎經濟預測
7月	26～27日	◎政策聲明
9月	20～21日*	◎政策聲明 ◎經濟預測
11月	1～2日	◎政策聲明
12月	13～14日*	◎政策聲明 ◎經濟預測

註：1.日期為美國當地時間；2.＊代表與經濟預測摘要相關的會議；3.如有異動，請以官網為準
資料來源：美國聯準會

3月時的7人。11位官員預估2023年年底前將升息至少2次，7人認為最快2022年就會開始升息，也多於3月時的4人。聯準會官員預估的2023年利率中位數為0.625%，高於市場預期。果然到了2022年正式宣布升息，相信原本就有在關注FOMC會議的投資人，都已經做

好升息的準備。

祕訣2》觀察左右聯準會決策的2大指標

掌握聯準會動向的第 2 個祕訣,就是觀察左右聯準會決策的 2 大指標:個人消費支出物價指數(Personal Consumption Expenditure Price Index,PCE Index)及失業率。

指標①》個人消費支出物價指數

◎**公布時間**:美國商務部在每月的最後一個週五公布。

◎**現狀**:個人消費支出物價指數的年增率是聯準會判斷通貨膨脹的重要觀察指標,扣除有較大波動的食品和能源類別則稱為核心物價指數。聯準會 2020 年 8 月時提出的新通膨政策「平均通膨目標」,意即允許通膨率適度超過 2%,在一段時間內實現平均 2% 的通膨目標。與過去最大差異在於,過去政府官員們將目標定為 2%,每當通膨接近 2%,市場便會臆測聯準會將升息或收緊貨幣政策。

2021 年以來這項指標持續上揚,繼續以 30 年來最快

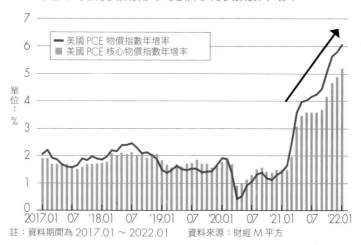

圖4 **美國PCE物價指數2021年以來持續走高**
美國PCE物價指數與PCE核心物價指數年增率

```
 7
 6        ── 美國 PCE 物價指數年增率
          ■ 美國 PCE 核心物價指數年增率
 5
單
位 4
：
%
 3
 2
 1
 0
  2017.01  07  '18.01  07  '19.01  07  '20.01  07  '21.01  07  '22.01
```

註：資料期間為 2017.01 ～ 2022.01　　資料來源：財經 M 平方

速度增長，同年 3 月起開始明顯上升（詳見圖 4）。到了
2022 年 1 月，個人消費支出物價指數年增率高達 6.06%，
核心物價指數年增率甚至高達 5.2%，也難怪聯準會採取升
息動作來打擊通膨。

指標②》失業率

◎**公布時間**：美國勞動部會在每個月的第 1 個週五，公

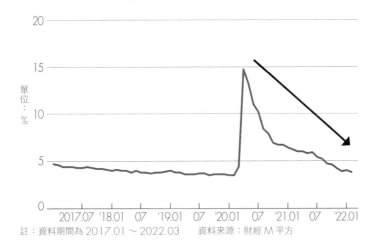

圖5 美國失業率自2020年下半年起呈下降趨勢

美國失業率變化

單位：％

2017.07 '18.01 07 '19.01 07 '20.01 07 '21.01 07 '22.01

註：資料期間為 2017.01 ～ 2022.03　　資料來源：財經 M 平方

布前 1 個月的失業率。

　◎**現狀**：聯準會希望美國勞動市場能恢復到疫情前充分就業水準，2021 年以來勞動市場加快復甦，觀察 2022 年 1 月～ 3 月的美國失業率分別為 4%、3.8%、3.6%，已經相當接近 2020 年 2 月疫情爆發前的半世紀低點 3.5%，未來同樣要持續密切觀察（詳見圖 5）。

2-3 從美國公債趨勢 研判景氣與股市多空

　　2021 年以來，美國經濟已經恢復得不錯，不過美國總統拜登（Joe Biden）上任後持續大撒幣，而且還推出基礎建設方案，希望讓美國經濟發展得更強勁，造成通膨數據居高不下，也使得對通膨數據敏感的 10 年期公債殖利率走揚，讓公債走勢成為市場關注的焦點。投資人可能會想，股市跟公債有什麼關係？為什麼對股市走勢有影響？其實兩者大有關聯。

　　什麼是公債？簡單來講，就是由政府發行、有政府信用擔保的債券。美國公債可分為 1 年、2 年、3 年、5 年、7 年、10 年及 30 年期。一般而言，長天期公債與通膨預期、經濟預期較為相關，而短天期公債因為會反映美國聯準會（Fed）的利率政策，所以會受到市場對聯邦基金利率預期的影響。通膨、聯準會政策都會影響股市，由此，投資人應該不難明白公債走勢與股市相關。

美國長短債利差對應景氣循環變化的4種型態

通常，美國公債殖利率是市場觀察經濟趨勢的重要指標，可以看出投資人如何評估經濟後勢，而經濟趨勢又牽動通膨、聯準會政策，所以是投資股市的重要參考。

短債的觀察指標通常是看 2 年期公債殖利率（簡稱短率），長債的觀察指標則主要是看 10 年期公債殖利率（簡稱長率），通常在不同的景氣階段，兩者的殖利率曲線和利差會呈現不同型態（詳見圖 1）：

型態1》景氣復甦：長短債利差維持穩定

聯準會寬鬆貨幣政策奏效，總體經濟緩步復甦，由於聯準會持續維持低利率寬鬆政策，長短率無太大變化，利差穩定。

型態2》景氣成長：長短債利差縮小

由於總體經濟情況表現佳，通膨數據持續上揚，聯準會為控制通膨、物價，會開始逐步升息。由於短率受央行升息影響較敏感，上升較快，造成長短率利差縮小，如

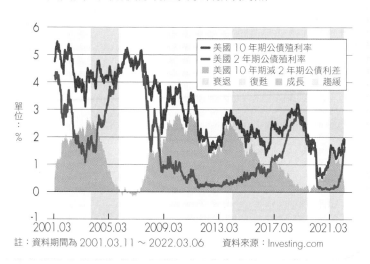

圖1 **景氣趨緩時，容易出現殖利率倒掛現象**
美國長短天期債券利差及景氣循環對照

註：資料期間為 2001.03.11 ～ 2022.03.06　　資料來源：Investing.com

2003 年年底～ 2005 年、2014 年～ 2019 年都呈現長短債利差縮小的狀態。

型態3》景氣趨緩：長短債利差轉負（殖利率倒掛）

　　儘管總體經濟表現維持高檔，經濟活動出現過熱現象，但是通常景氣到頂後，會因為缺乏更大的成長動能而逐漸趨緩。可是由於過熱的經濟造成通膨預期強烈，卻迫使聯

準會不得不加快升息腳步,導致短率超越長率,利差變成負值,也就是俗稱的「殖利率倒掛」。通常殖利率倒掛後12 ～ 18 個月,經濟有可能緩步衰退,最明顯的例子就是2006 年出現數月殖利率倒掛,2008 年迎來金融海嘯。

型態4》景氣衰退:長短債利差擴大

由於總體經濟出現拐點,經濟體質轉弱;聯準會為刺激經濟採取連續降息,甚至推出購債計畫,提供市場更低利率的環境,利率持續下降促使短率快速向下,利差開始擴大,曲線變陡峭。

如同 2008 年金融海嘯後聯準會接連降息,利差明顯放大;2020 年的景氣衰退則是因為突然發生的新冠肺炎疫情所導致,聯準會快速降息,也出現利差放大的情況。

美國10年期公債價格下跌時,股市表現較佳

美國公債價格走勢也是很重要的市場資金流向指標。市場資金都是這樣,景氣好、股市好的時候就往股票走,景氣差、股票差的時候往債券避險,大家都希望資金能做最

有效益的運用，賺取最好的獲利，所以哪個市場好，錢就往哪裡跑。

　　可是，資金什麼時候由股市轉向債市？或者由債市轉向股市？該如何判斷？這時候可以看長期債券價格的變化。美國的長期公債有 30 年期、20 年期及 10 年期，由於 20 年期、30 年期的時間實在太長，變數太多，所以市場普遍偏好參考 10 年期公債。依照歷史經驗，當 10 年期公債價格下跌，股市表現通常較好；當 10 年期公債價格上漲，股市表現則通常較差（詳見圖 2）。

　　從歷史數據來看，低檔的美債殖利率通常對應較高的股票估值，因為債市不具投資吸引力，因而促使投資人投資股票來追求更好的報酬。以 2022 年 3 月而言，美債殖利率仍低，但若未來殖利率持續上揚，使債市更有投資潛力，本益比較高的股票及指數將首當其衝，面臨修正風險。

　　從過往歷史可以發現，10 年期公債殖利率走勢變化，的確對股市產生巨大影響，投資人該如何因應？首先，投資人應該了解造成 10 年期公債殖利率走升的原因。依據過

圖2 **美國10年期公債價格上揚時，股市恐走弱**

標普500指數vs.美國10年期公債價格走勢

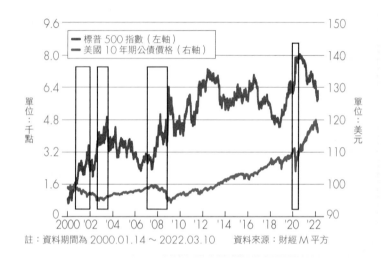

註：資料期間為 2000.01.14 ～ 2022.03.10　　　資料來源：財經 M 平方

去的經驗，殖利率上升若是因為經濟成長推動，股市的走勢將正向同步發展；但若殖利率上升是因為 QE 縮減，股市短期內將呈現弱勢。

隨著經濟轉佳、通膨上升並進入升息環境，短期股市雖會產生動盪，但是應該無礙於景氣復甦的長期行情；面對這樣的環境，以下幾個投資方向可以留意：

1. 布局相關受惠股，例如金融業，受惠利差回升，銀行、壽險皆可布局。

2. 與民生相關的消費類股、受益拜登政府基礎建設與政府支出增加的相關類股。

3. 產業配置可考慮是否降低電子族群比率，資金適度移轉部分至金融、傳產。

2-4 全球經濟復甦後 有望迎接原物料超級循環

　　進入 2022 年，雖然新冠肺炎疫情尚未完全平息，但是通膨已經成為牽引全球貨幣政策，以及金融市場走勢的重要總經面因素；加上 2022 年 2 月，擁有豐富天然資源的俄烏兩國開戰，各國恐將面臨通膨加劇問題。因此，投資人有必要了解這些因素對原物料走勢、貨幣政策、股市與產業的影響，以及該如何應對。

　　自從金融海嘯復甦之後，美國聯準會（Fed）長時間維持低利率，儘管 2016 年年底開始緩步升息，聯準會仍持續維持貨幣寬鬆環境，希望藉此幫助經濟成長，並以通膨率 2% 為目標。2020 年受到疫情衝擊，聯準會再次將利率降至趨於零，熱錢蔓延，使得通膨壓力迅速浮現。

　　2021 年 6 月時，有專家認為當時的物價上揚，主要集中在經濟重啟的領域，如運輸產業，暗示通膨壓力多數僅

是暫時的。不過，當時我就認為，通膨現象不會是暫時的，而是會持續下去。

　　道理很簡單，當時全球經濟礙於變種病毒確診個案增加，以及疫苗覆蓋率不足，火力尚未全開，整體運作還沒有回到疫情爆發之前，如各國邊境尚未完全開放，各國商業活動更一直在解封與封鎖之間開開關關，或是解封時間一延再延。

　　光是這樣，原物料價格都已經一直上漲，當全球回復正常生活，經貿恢復正常往來的時候，原物料不會漲更多嗎？所以我當時就評估，接下來應該有機會出現「原物料超級循環」，這個趨勢對貨幣政策、股市、產業都影響很大，是值得大家關注的議題（查詢原物料報價詳見圖解教學）。

　　目前市場可交易的原物料主要涵蓋 5 大類：

1. **能源類**：以原油、天然氣為主。
2. **基本金屬類**：包括鋼鐵、銅、鉛等。
3. **貴金屬類**：黃金、白銀等貴重金屬。

4. **農產品類**：包括咖啡、糖、黃豆、小麥、玉米、棉花等。

5. **牲口類**：涵蓋家畜、家禽。

CRB 指數（Commodity Research Bureau Futures Price Index）是由美國商品研究局彙編的商品期貨價格指數，在 1957 年推出，涵蓋能源、金屬、農產品、畜產品和軟性商品等期貨合約，為國際商品價格波動的重要參考指標。

我們從成立歷史較悠久的 CRB 指數走勢圖可以發現，原物料價格已經走出 2020 年疫情造成的谷底，而且持續向上趨勢沒有改變（詳見圖1）；是否會出現類似 2000 年～2009 年原物料多頭的超級循環，引起很多討論。我個人的看法是，原物料超級循環很有機會再次出現。

從4面向觀察原物料上漲趨勢

所謂的原物料超級循環，市場的普遍定義是原物料需求出現結構性改變，促使廣泛的基礎原物料價格出現長達數年，甚至 10 年趨勢的動能。我認為這一波原物料超級循環將長達數年，也有機會走向 10 年。

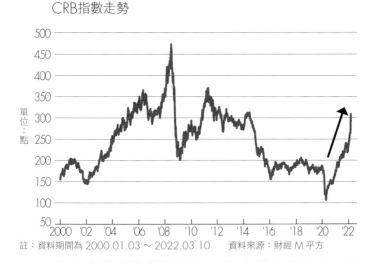

圖1 CRB指數走出2020年谷底後持續走高

CRB指數走勢

單位：點

註：資料期間為 2000.01.03 ～ 2022.03.10　　資料來源：財經 M 平方

　　為什麼我會這麼認為？主要是從幾個面向觀察：

面向1》全球經濟大復甦帶動原物料需求增溫

　　2020 年年初爆發疫情後，全球所有活動突然被按下暫停鍵，慘狀連連，出現很多前所未見的慘烈事件。美股在同年 3 月短短 10 天內就熔斷 4 次，連股神華倫‧巴菲特（Warren Buffett）都說他活了 89 年來，還是第一次看到。

美國 2020 年第 2 季 GDP 成長率也跳樓似地降到負的 31.4%，4 月失業率更由疫情爆發前 3 月的 4.4% 飆升到 14.8%。

最誇張的是，連原油期貨都出現「負油價」事件。2020 年 4 月 20 日可交付的 5 月 WTI 期貨合約一路暴跌，最終跌破 0 美元，來到負值，歷史上前所未見。事態很快又擴大，油價快速由負 10 美元，進展到負 30 美元，最後來到負 40.32 美元的最低價格。雖然最終合約交易價格轉為正數，但已創下原油期貨有史以來的紀錄。那段時間的 CRB 指數，同樣也降至歷史最低檔區。

但是，才 1 年多的時間，這些慘況都已經被翻轉。美國 2021 年第 1 季 GDP 增長達 6.3%，2021 年全年更高達 5.7%，是 1984 年以來最好的表現。而美國工業生產與產能利用率從 2020 年上半年谷底爬上來後，整體情勢往好的方向發展（詳見圖 2），顯示美國逐漸擺脫疫情束縛，邁向經濟復甦之路。

面向2》低碳能源政策興起

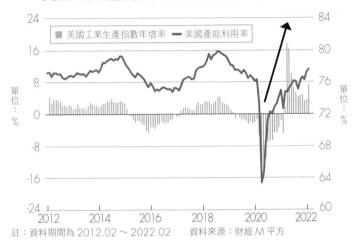

圖2 **美國工業生產指數擺脫2020年低點後翻揚**
美國工業生產指數年增率與產能利用率走勢

■ 美國工業生產指數年增率　── 美國產能利用率

單位：%

單位：%

註：資料期間為 2012.02 ～ 2022.02　　資料來源：財經 M 平方

　　值得注意的是，全球積極推動節能減碳政策，發展再生能源、電動車等，將催生另一股原物料大商機。國際能源署（IEA）曾在 2021 年 5 月報告指出，各國為了達成減碳目標將會帶動鎳、鈷、鋰、銅、稀土等關鍵礦物的需求激烈暴衝。

　　國際諮詢機構伍德‧麥肯茲（Wood Mackenzie,

WoodMac）的報告則清楚預估，如果要達到巴黎協定的氣候目標，未來20年將需要360萬噸的鋁、90萬噸的銅，以及30萬噸的鎳。2030年，銅礦供應量也需要比目前產量增加85%，鈷產量需要提高167%。

換句話說，全球低碳能源相關商品，極有可能在未來20年帶動需求持續增長，催生出下一個商品超級循環週期。

該機構指出，未來15年全球礦業公司將需要投資約1兆7,000億美元，才能夠滿足包括銅鋁鎳鈷鋰等，主要用於發展電動車以及可再生能源發電的原物料需求。如果是為了達成控制全球暖化的目標，未來30年則需要投資50兆美元。商機之龐大，顯示原物料正迎來一個新的時代。

面向3》原料產業結構性投資不足造成供給緊張

除了需求與熱錢因素，更重要的是原物料產業正處於結構性投資不足而造成的供給緊張狀態。原物料市場歷經2003年～2007年大多頭，以及2009年～2011年吹出泡沫並破裂後，曾經大手筆投資的原物料巨擘幾乎都縮手，大砍資本開支。

　　根據日本瑞穗銀行分析，2011 年至 2015 年全球前 8 大礦商的總資本開支為 3,035 億美元；2016 年至 2020 年，總資本開支腰斬至 1,566 億美元。受此影響，黃金、白銀、銅的前 5 大生產國合併產量在 2016 年觸頂。開發新礦場大約需要 10 年，投資減少會長期限制供給，結果造成結構性投資不足的局面。這不是短期內就能改變、扭轉，需要長達數年的投資，在供給吃緊下，原物料價格欲小不易。

面向4》政府大撒幣，熱錢流入原物料市場

　　美國政府在 2020 年 3 月疫情爆發初期，很快開始啟動降息、購債等貨幣寬鬆政策，以及推出史無前例對民眾、企業的龐大紓困案，使得熱錢大舉流入原物料市場；2021 年持續推出紓困計畫，推動讓美國再次偉大的基礎建設方案，讓新冠疫情的衝擊遠遠低於 2008 年的金融海嘯。

　　由於造成這次經濟衰退的主因是疫情，而非經濟或金融市場出現結構性問題，政府大撒幣帶動的經濟復甦力道會相對較快、較強。經濟復甦必然需要原物料，也會伴隨著通膨，加上美元長期貶值趨勢尚未改變時，以及主要國家

採取擴張性貨幣與財政政策，市場上的熱錢必定持續流入投資原物料市場，推升原物料多頭行情；再加上 2022 年 2 月俄烏戰爭，繼續將原物料價格再往上推動。

前面提過觀察原物料行情可以看 CRB 指數，2021 年以來到 2022 年 3 月上旬，已上漲超過 70%；另一個市場常參考的標普高盛商品指數（S&P GSCI），同期間漲幅更超過 80%。

後市可期的6類原物料

姑且先不論俄烏戰爭的影響，即使沒有戰爭的催化，原本就處在多頭行情的原物料，有哪些相對較被看好？

1. **基本金屬**：國際諮詢機構麥肯茲報告指出，基本金屬包括鈷、鋰、銅、鎳與鋁等，將會是低碳政策最大受益者。國際能源署也說，能源業對關鍵金屬的整體需求可能在 2040 年前跳增 6 倍。

電動車是最明顯的例子。根據新加坡市場研究公司

Canalys 的報告，全球的電動車 2021 年銷量達到 650 萬輛，比 2020 年多出 109%，成長幅度更大幅優於 2020 的 41%。

除了電動車本身的鋰電池需求外，鋰電池交換站的鋰電池需求增速將比電動車更高，至 2030 年，來自電動車電池的鋰需求就會占全球鋰需求的大部分比重。

國際能源署報告也認為，製造電池所需金屬原料，需求增幅將最為劇烈，如果全球要達成巴黎協定目標，鋰需求將飆升 40 倍。

在再生能源的運用上，銅在風電、太陽能、地熱等綠色能源都占有重要地位，高盛預估，銅礦有機會成為新石油，值得留意。

2. **鋼鐵、鐵礦砂**：在全球經濟復甦及美國推動基礎建設政策帶動下，對鋼鐵、鐵礦砂需求形成一定的支撐。然而看好理由不僅於此，鋼鐵是打造環保基礎建設的重要原物料，離岸風電也需要用到鋼材架構、電網鋪設的銅線電纜，

長期看好。

3. **原油**：雖然減碳政策會拉升電動車、再生能源，降低原油的使用，但是原油仍是不可取代的經濟基本用品，在全球經濟成長趨勢不變下，原油用量與價格仍將維持在上升軌道上。

4. **玻璃**：主要受惠中國持續推動供給側結構性改革、嚴禁新增產能、厲行環保政策，以及市場需求只增不減，預期平板玻璃價格將維持上漲趨勢，處於高檔。另外，主要應用在電子領域的玻布與玻纖產品，也因為 IC 載板使用量持續增加帶動需求，但供給面卻受限玻纖窯爐在中國供給側改革的範圍，預期供給緊縮效益將持續推升報價。

5. **黃豆、小麥、玉米**：全球人口成長帶動消費需求增加，以及綠能政策激勵植物性燃料需求攀升，讓黃小玉需求看漲，包括嘉吉（Cargill）、中糧集團、Viterra、Scoular 等公司都預期，黃豆、小麥、玉米價格在未來 2 年至 4 年將續強，農產品仍在「迷你超級循環」（Mini-Supercycle）的開端，未來幾年價格有望續揚。

6.**貴金屬**：在通膨過程中，貴金屬向來被視為保值商品，市場預期，這波通膨上揚可能比預期存在更長的時間，且不排除有原物料超級循環出現，有利貴金屬走勢。

搭上原物料多頭行情，從2方面找投資機會

許多人都會認為，原物料價格上漲大概就是股市的末升段，因為原物料飆漲造成通膨壓力升高，各國央行必須收緊寬鬆貨幣政策，開始升息對抗通膨，因此股市多頭行情也差不多該結束。

不過，我認為這次自2020年下半年以來的股市多頭行情不會那麼快結束，一方面是全球經濟還在復甦道路上，尚未進到擴張期；另一方面是全球低碳政策是這一波帶動原物料行情的主要因素，影響時間很長，市場、企業必須想辦法接受、消化，相關商機不會那麼快結束。即使聯準會、全球央行收緊貨幣政策，開始升息，原物料行情也不會那麼快結束，長期仍有表現空間。

這時候，投資人如何選股就很重要，可從2方面選股：

1. 原物料廠商、2.「有轉嫁能力」的企業，這 2 類都是幫助投資人對抗通膨最好的利器。尤其是第 2 類，原物料價格上漲已經是回不去的趨勢，但不是每家企業都有能力把成本轉嫁出去，具備轉嫁能力的企業可以依然維持良好獲利，是能在這波原物料超級循環中存活下來的強者。

建議大家可以留意這 2 類企業的產業龍頭，龍頭股擁有較難取代的產業技術、研究資源、成本控制能力，所以最具競爭力，財務體質也最好，投資人可以逢低布局。

圖解教學 ## 查詢各產業相關原物料報價

報價向來是掌握原物料走勢、產業獲利的領先指標。如果報價上漲，可以預期產業未來獲利有增加空間；倘若報價出現疲軟、停滯不前，甚至開始反轉向下，必須當心。

許多網站都有提供原物料價格報價功能，不過，投資人不見得都清楚各個產業所對應的原物料，也不是每個網站都有提供這樣的功能，在此以富邦證券網站為例，告訴投資人如何運用這樣的功能，讓投資更順手。

STEP 1 上富邦證券網站（www.fbs.com.tw）首頁，點選❶「市場訊息」的❷「國際金融」。

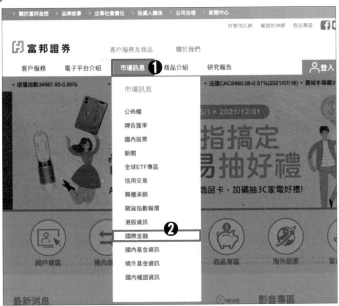

接續下頁

STEP 2
點選右欄的❶「原物料總表」，會列出❷各個產業相關的原物料及報價，即可查詢產業個股目前的原物料價格表現。如果想進一步了解整體原物料行情走勢，可點選原物料總表第3列「大宗物資」中❸「CRB商品價格指數」。

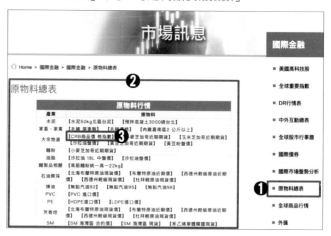

STEP 3
接著，即可看到❶「CRB商品價格指數——價格走勢圖」。

資料來源：富邦證券網站

2-5 　觀察5項總經指標變化 作為進出股市的參考

　　在談完了幾個影響總體經濟面的關鍵性大指標後，本節再介紹幾個美國與台灣常觀察的總經指標。由於這幾個指標即時性較強，能反映當下經濟現況，因此可以作為進出股市的判斷參考（查詢總經指標詳見圖解教學）。

指標1》美國採購經理人指數

　　◎**英文**：Purchasing Managers' Index，PMI

　　◎**公布時間**：每月第 1 週公布。

　　◎**指標意義**：衡量製造業在生產、新訂單、商品價格、存貨、雇員、訂單交貨、新出口訂單、進口等方面的狀況。涵蓋美國製造業、就業與物價表現。

　　◎**具準確性**：調查即時掌握公司狀況的採購經理人。

　　◎**觀察重點**：臨界點為 50%。大於 50%，代表製造業將擴張；反之為衰退。

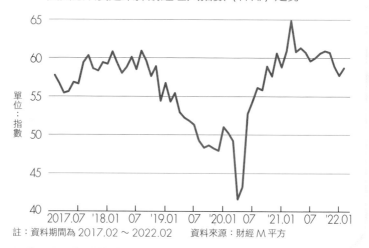

圖1 PMI指數顯示美國經濟處於擴張期

美國ISM製造業採購經理人指數(PMI)走勢

單位：指數

註：資料期間為 2017.02 ～ 2022.02　　資料來源：財經 M 平方

◎**現狀**：美國處於經濟擴張期（2022 年 2 月數據，詳見圖 1）。

指標2》美國非農就業新增人數

◎**英文**：U.S. Nonfarm Payrolls

◎**公布時間**：美國勞工部每月第 1 個週五公布。

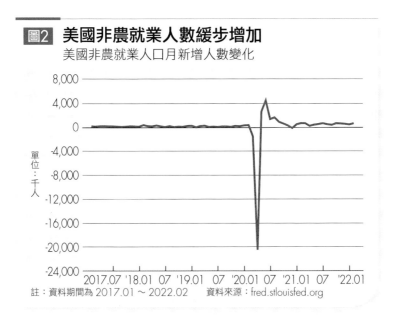

圖2　美國非農就業人數緩步增加
美國非農就業人口月新增人數變化

單位：千人

註：資料期間為 2017.01 ～ 2022.02　　　資料來源：fred.stlouisfed.org

◎**指標意義**：即時反映並詳細指出最新就業狀況，包括製造業與服務業的發展，是影響聯準會（Fed）利率決策的指標。

◎**觀察重點**：數據上升將帶動消費增加，支持美元走強。

◎**現狀**：2022 年 2 月美國非農就業新增人數 67 萬8,000 人，大幅超出預期的 40 萬 3,000 人，顯示美國就業情況明顯改善（詳見圖 2）。

指標3》美國初次申請失業救濟金人數

◎**英文**：Unemployment Insurance Weekly Claims，UI Claims

◎**公布時間**：美國勞工部每週四公布上週數據。

◎**指標意義**：及時反映美國 1 週內失業或無薪假人數變動，是勞動市場的領先指標。

◎**觀察重點**：可以推估失業率趨勢，判斷勞動市場就業情況。

◎**現狀**：美國初次申請失業救濟金人數持續下降，已恢復至 2020 年新冠肺炎疫情爆發前的水平，顯見美國勞動力市場持續好轉（2022 年 3 月 5 日數據，詳見圖 3）。

指標4》台灣景氣對策信號（景氣燈號）

◎**公布時間**：由國發會所編製，代表當前景氣狀況的指標，每個月 27 日會公布上月份資料，可至「景氣指標查詢系統」（index.ndc.gov.tw）查看最新數據及燈號顏色。

◎**指標意義**：由貨幣總計數 M1B 變動率等 9 項指標構成。每月依各構成項目之年變動率變化（製造業營業氣候測驗

圖3 美國勞動市場持續穩定復甦

美國初次與連續申請失業救濟金人數變化

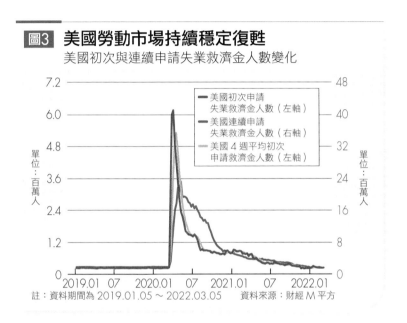

註：資料期間為 2019.01.05 ～ 2022.03.05　　資料來源：財經 M 平方

點除外），與其檢查值做比較後，視其落於何種燈號區間給予分數及燈號後予以加總。

　　◎**觀察重點**：若對策信號亮出「綠燈」，表示當前景氣穩定；「紅燈」表示景氣熱絡；「藍燈」表示景氣低迷，至於「黃紅燈」及「黃藍燈」兩者均為注意性燈號，宜密切觀察後續景氣是否轉向。而觀察景氣對策信號分數變化，可發現分數變化走勢與台股指數有密切相關（詳見圖4）。

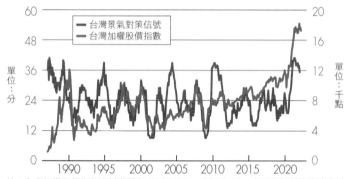

圖4 **台灣景氣對策信號與台股走勢高度相關**
台灣景氣對策信號vs.台灣加權股價指數走勢

註：台灣加權股價指數資料期間為 1987.01 ～ 2022.03、台灣景氣對策信號資料
期間為 1987.01 ～ 2022.02　　資料來源：財經 M 平方

◎**現狀**：2021 年 2 月～ 10 月台灣景氣對策信號都在 38 分以上，代表景氣有過熱跡象。2022 年 1 月、2 月分數分別降至 36 分、34 分，且均為黃紅燈（詳見圖 5），可留意到景氣雖不再過熱，但仍然呈現熱絡狀態。

指標5》台灣M1B、M2

◎**公布時間**：中央銀行每月 24 日公布。若逢週六提前

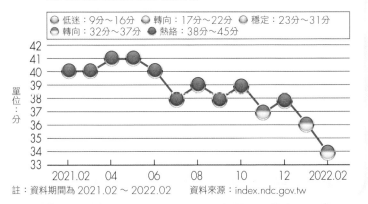

圖5 2022年2月台灣景氣對策信號為黃紅燈

台灣景氣對策信號分數變化

低迷：9分～16分 轉向：17分～22分 穩定：23分～31分
轉向：32分～37分 熱絡：38分～45分

單位：分

註：資料期間為 2021.02 ～ 2022.02 資料來源：index.ndc.gov.tw

至 23 日；逢週日或例假日則順延至次一營業日。

◎指標意義：

①M1B：通貨淨額＋企業及個人的活存＋支票存款，是狹義的貨幣供給額，這部分資金變動性最大；政府部門一向將此視為民間經濟性金融交易活絡的重要指標，也是國發會在計算景氣領先指標時最主要的貨幣指標。

②M2：M1B＋準貨幣（定期存款、外匯存款等），為廣義的貨幣供給額，代表全體貨幣機構的流動性，如果M2 持續成長，代表金融體系存款增加，資金充裕，游資

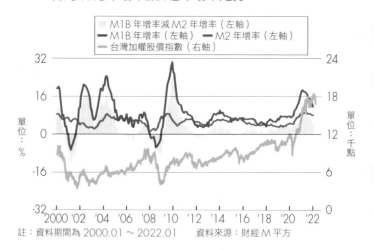

圖6 **M1B、M2黃金交叉，顯示資金動能充沛**

台灣M1B年增率減M2年增率走勢

註：資料期間為 2000.01 ～ 2022.01　　資料來源：財經 M 平方

安定，應可配合經濟成長所需資金。

◎**觀察重點：** M1B、M2 黃金交叉，指的是 M1B 年增率高於 M2 年增率，代表資金轉往可隨時動用的活期存款，使得活期資金的增幅超過市場資金所需，也代表投資意願轉強，有利股市發動資金行情。

◎**現狀：** 股市資金充沛（詳見圖6）。

圖解教學　查詢總經指標

STEP 1

以財經M平方網站為例，進入首頁（www.macromicro.me），點選❶「總經成績單」，會出現下拉選單，可選擇欲查詢的國家，此處以美國為例，點選❷「美國」，若想看台灣的總經指標，則點選「台灣」。

STEP 2

接著，會進入美國總經指標頁面，即可觀看各式指標數據。

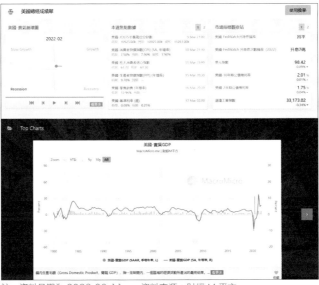

註：資料日期為 2022.03.11　　資料來源：財經 M 平方

第3章

了解產業脈動
掌握布局先機

3-1 長抱穩定型產業標的 報酬穩健且風險低

　　上一章從總經角度看全球金融動態、利率與資金走向，以及值得觀察的產業趨勢，從這些大環境的變化，可以進一步觀察與台灣連動性高的產業與個股。接下來聚焦台灣股市，一起來看看怎麼從基本面選出潛力股。

　　首先，要了解產業趨勢。我將台股產業大致分成2種類型，一種是穩定型產業，另一種是景氣循環產業。

　　本節先談談穩定型產業。許多穩定型的產業與民生消費有關，比方跟食、衣、住、行、育、樂有關的民生概念股多屬於這個類別，電信類股、銀行類股等也是比較穩定的產業，這類股票基本上很「安全」，可能有表現特別好的個股，如中華電（2412）、統一超（2912），就算這類族群漲勢不特別突出，買進後長抱也無妨，適合作為存股標的。如果投資人希望選擇細水長流的穩健獲利型投資標

的，也不想花時間做研究或看盤，可以多留意這類股票。

以2指標評估穩定型產業類股的買進時機

指標1》本益比

挑選穩定型產業類股時相對重視「本益比」（Price to Earning Ratio，P/E 或 PER），因為這些產業個股每年的獲利區間相當穩定，觀察本益比變化比較具有參考性。以中華電來說，因為獲利穩定，所以可以在低本益比時，或者碰到大盤下跌時進場買股。

本益比又稱市盈率或 P/E ratio，本益比＝股價（Price）÷ 每股盈餘（EPS），EPS 代表每一股的獲利，愈高愈好。本益比是投入成本及每年收益的比例，可以用來評估或判斷公司股價與獲利潛力，很多人用本益比來判斷股價「貴賤」，換種說法就是，未來每年賺 1 塊錢的收益需要投入幾倍成本，以及需要多久時間才能回本，有時也會透過本益比預測買進股票的回本時間。

本益比低，代表投資人能夠以相對低價買進股票，相對

來說也就能更快回本;本益比高,代表投資人若想買進股票,必須付出相對高的買進成本,相對來說回本時間拉得較長,或者說獲利空間較小。

本益比 10 倍表示,現在用 10 元價格買進股票,將來公司若每年賺 1 塊錢,持有 10 年股票就能透過每年盈餘賺回之前投入的本金;如果買在 15 倍本益比,每年獲利不變,需要持有股票 15 年才能回本。通常買進股票的本益比當然是愈低愈好,但是很優質的公司通常不會有太低的本益比,因此才需要參考歷史本益比高低區間。

指標2》股價淨值比

至於金融類股不只要看本益比,還要看「股價淨值比」(Price-Book Ratio,PBR),通常低於同業就是有低估的可能。

股價淨值比是以「公司價值」來衡量股價,公式是股價÷每股淨值=股價淨值比。股價淨值比< 1,代表目前公司價格低於公司的淨資產;股價淨值比> 1,則代表目前公司的價格高於公司淨資產。不過,這只是一個參考標準,

股價淨值比不能完全視為股價合理與否的標準，且一定要鑑往知來，先了解買進標的的過去表現以及相同產業表現狀況，梳理清楚各方的相對關係後，才能靈活運用股價淨值比這項工具。

例如不同產業個股的股價淨值比各異，貴或便宜的判斷標準不同，比方傳產水泥股的台泥（1101）買進價高於 1.5 倍淨值時，算是「買貴了」，但是電子股的台積電（2330）就算股價淨值比高於 3 倍，都算「物超所值」。

如果想從穩定型產業股票中波段操作獲利，建議採區間操作，可抓歷史本益比的最高與最低區間操作。

穩定型產業不受景氣循環影響，股價波動度低

股神華倫·巴菲特（Warren Buffett）曾表示，就算美國聯準會（Fed）主席說景氣要衰退了，他還是要買股票，而且他選擇的股票多半是和景氣連動性低的標的。眾所周知，巴菲特偏好不受景氣影響的公司，且盡可能長期持有，獲利不會短期暴衝，但能穩健成長。他投資一家公司之前，

都會徹底研究公司的營運模式與前景，並使用合理的股價買入。德國股神安德烈‧科斯托蘭尼（André Kostolany）也說：「如果你需要的是穩定投資，那就買完股票後吃顆安眠藥，睡上 10 年，醒來後就能獲得高度確定性的結果。」這就是穩定型產業的另一個特質：安全、保本，但是沒有激情。

　　挑選穩定型產業的股票時，可以從食品、電信、環保、醫療健康及公共事業等類股著手，主要因為這類族群比較不受景氣循環影響，殖利率（詳見名詞解釋）穩定，股價也比較不會受大盤影響而出現震盪。也可以從自己的日常生活、食衣住行中發掘好標的，比方前面提到的電信業龍頭中華電，股價相當穩定，當中華電股價下跌時，可以逢低分批買進，或者用存股的概念慢慢買、慢慢存。

　　我們也可以從比較宏觀的角度挑選穩定型產業，也就是與景氣連動性低的產業，以及景氣循環產業。全球各大股市廣泛使用的標準普爾（S&P）及摩根史丹利（MSCI）所編製的「全球行業分類標準」（Global Industry Classification Standard，GICs）將所有行業區分為 4 個

層級：11 個行業（Sector）、24 個行業組別（Industry Groups）、69 個產業（Industries）、158 個子產業（Sub-Industries），其中，11 個行業包含必需消費品、非必需消費品、金融、資訊科技、醫療保健、能源、原物料、工業、通信服務、公用事業、房地產等類別（詳見表1）。

　　而按照 MSCI 的標準劃分，循環性類股包含房地產、金融、資訊科技、原物料、非必需消費品、工業及通信服務等產業；防禦性類股則包含公用事業、必需消費品、醫療保健及能源等產業（詳見圖1）。

名詞解釋 殖利率（Dividend Yield）

殖利率又稱為現金殖利率，是將每股現金股利（股息）除上每股股價，通常以百分比表示，也就是持有公司配發給你的現金股利，占你投入本金的比率。公式為現金殖利率（％）＝現金股利（元）÷ 股價（元）×100%。

例如以每股 100 元買進 1 張股票，當年每股配發 5 元現金股利，則殖利率為5%。由於現金股利發放多寡視公司經營穩定度而定，因此看殖利率買股的存股者通常會挑選穩定的防禦型產業來鎖定存股標的。然而，若一家公司經營十分穩定，每年配發的現金股利都差不多，當股價沒有原因的上漲，投資人享有的殖利率就會降低，代表股價變貴了，可考慮等待股價回跌再買進。

表1 「全球行業分類標準」歸納的11大行業

項次	行業類別	內容
1	通信服務 （Communication Services）	透過網路提供內容的公司，如新聞、廣告、社交媒體……等
2	必需消費品 （Consumer Staples）	產品耐用程度較低、對景氣循環敏感度較低的公司，例如食品、日常生活用品、藥品零售商、菸草製造商……等
3	非必需消費品 （Consumer Discretionary）	產品耐用程度較高、對景氣循環敏感度較高的製造商與消費場所，例如汽車產業、休閒設施、奢侈品、服裝製造商等
4	能源 （Energy）	包括從事石油、天然氣、煤炭等可消耗燃料生產、買賣、運輸、提供相關設備與服務……等公司
5	金融 （Financials）	包含銀行、資產管理、證券、交易所、支付……等提供金融服務等公司

資料來源：www.spglobal.com

簡單來說，循環性類股與景氣的連動性高，如台股中的電子、營建、原物料、航運類股等需要看報價臉色的族群；防禦性類股與景氣的連動性相對較低，如台股中的生物醫藥類、民生必需品類等族群，這類族群即便在景氣衰退期間也相對穩定，波動較小，但相對也比較沒有爆發力，求

全球行業分類標準（GICs）

項次	行業類別	內容
6	醫療保健 （Healthcare）	提供醫療服務、生產醫療用品以及設備、製藥及生物技術公司等
7	工業 （Industrials）	生產資本財的公司，如國防產品、機器設備、電器設備……等公司，以及運輸產業相關公司
8	資訊科技 （Information Technology）	生產資訊科技軟體及硬體等相關公司
9	原物料 （Materials）	包括製造化工產品、金屬及採礦、建築材料（如水泥、鋼鐵）……等公司
10	房地產 （Real Estate）	包括房地產開發及管理相關公司、不動產信託公司等
11	公用事業 （Utilities）	提供水、電力、燃氣服務等公用設施事業相關公司

的是一個「穩」字。

　　值得一提的是，一般循環性類股的殖利率較低，防禦性類股的殖利率普遍偏高，主要是因為防禦性類股在無風險的固定收益部分有較高的安全保障。

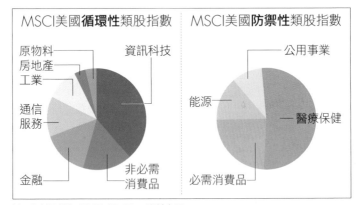

圖1 11大行業可分為循環性類股及防禦性類股

MSCI美國**循環性**類股指數

原物料
房地產
工業
通信服務
金融
資訊科技
非必需消費品

MSCI美國**防禦性**類股指數

能源
公用事業
醫療保健
必需消費品

註：資料日期為 2022.02.28　資料來源：msci.com

　　因新冠肺炎疫情帶來的資金潮同時導致高通膨、高物價危機，對於廣大股民來說，多賺一點是一點，投資成為對抗通膨的重要工具；但前提是要選對標的，看對還要做對才行，否則賠了夫人又折兵，反而讓資產縮水。

3-2 看原料報價找買點 把握景氣循環股獲利關鍵

　　除了穩定型產業類股，台股也有許多循環產業類股，也就是景氣循環股，行情好壞跟原料報價息息相關，比方航運、塑化、橡膠，以及 DRAM（動態隨機存取記憶體）、面板、被動元件等電子類股，不過這類族群容易暴漲暴跌。

　　2021 年航運類股中的「貨櫃三雄」長榮（2603）、陽明（2609）、萬海（2615），因為缺櫃、運價大漲，成為盤面中的當紅炸子雞，股價從雞蛋水餃價暴漲到百元以上，2021 年全年每股盈餘（EPS）是 45.57 元。

　　經濟學有個知名的蛛網理論，當某樣商品因為供不應求、賺了很多錢，大家往往會一窩蜂跟著生產，一旦生產過剩又容易讓價格暴跌。這種狀況常發生在農產品市場，也比較容易出現在某些單一化的個別產業中，如 DRAM，或者不像晶圓代工產品那般多元的航運貨櫃族群。若注意到某

產業或某個股將會因為供不應求而飆漲，就得選在還沒有那麼多人注意到它的時候卡位，否則愈到後期肉愈少。

買在景氣最惡劣時，享受行情起飛報酬

我觀察到不少投資人有一個迷思，以為買所有股票都要買在低本益比、賣在高本益比的時候，其實景氣循環股就不能這樣看，要反過來，買在它「沒有」本益比的時候，賣在它「有」本益比的時候。

以長榮這檔個股來說，2020 年股價最低時跌到 8 元至 9 元，當時本益比甚至是負數，誰知道它之後會一飛沖天？如果投資人仔細留意，就算沒有在第一時間進場卡位，第二時間進場也能跟著吃香喝辣。

眾所周知，前幾年長榮都處於虧損狀態（詳見表 1），2016 年每股虧損 1.88 元，2017 年則是每股獲利 1.97 元，至於 2018 年及 2019 年只賺 0.07 元及 0.02 元。如果要投資屬於景氣循環股的長榮，反而要買在這個時候，也就是狀況「非常糟糕」的時候，當時股價跌到 8 元，而

表1 **長榮2014年～2019年盈虧不定**

長榮（2603）獲利表現

年度	營業收入（億元）	稅後淨利（億元）	每股稅後盈餘（元）
2014	1,442.84	11.56	0.33
2015	1,338.14	-44.08	-1.26
2016	1,244.68	-66.08	-1.88
2017	1,505.83	70.05	1.97
2018	1,692.37	2.94	0.07
2019	1,905.89	1.13	0.02
2020	2,070.78	243.65	5.06
2021	4,894.07	2,390.15	45.57

資料來源：XQ 全球贏家

它的每股淨值是 14 元（詳見圖 1）。

　　沒錯，這時的長榮股價跌破淨值，很悲觀，很難讓人想把它帶回家，但卻是買進的好時機。

　　買景氣循環股要盡量買在虧損的時候，最糟的時間點買進，當行情起飛的時候，就能充分享受物超所值的甜美報酬。如果你擁有伯樂般的選股能力，就能讓千里馬帶你飛，而這種能力可以培養。

營收月增率走低為景氣循環股觸頂向下警訊

　　長榮股價在 2021 年曾飆到 233 元,當時的本益比最低,市場預估 EPS 可能超過 35 元,換算成本益比才 8 倍～9 倍,但是後來長榮一路從 233 元跌回 80 多元,雖然又在 2022 年漲到 100 元以上,但接下來的景氣是否足以支撐股價?有待觀察。總之,挑選景氣循環股要盡量跟景氣「唱反調」,景氣很差的時候可以買,景氣很好的時候反而要留意,特別要注意景氣循環股營收是否觸頂這個警訊。

　　長榮之前的營收一直往上衝,但是到 2021 年 8 月～9 月,營收開始下滑,月增率往下回折,這個訊號代表景氣循環觸頂後要往下走了,這時也可以同步參考貨櫃報價,追報價趨勢。在報價快速上揚的過程中絕對可以買股,但是當報價逐漸趨緩或疲弱,或者報價開始回檔,這時都不宜再介入這檔景氣循環股,因為接下來的風險非常高,這是操作景氣循環股時要特別留意的地方。

　　簡單來說,景氣循環股要買在公司賠錢時,賣在賺錢時,節奏要抓對;同理,像面板、DRAM 等非常明顯的單一產

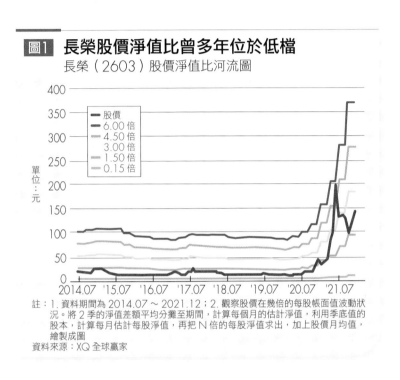

圖1　長榮股價淨值比曾多年位於低檔

長榮（2603）股價淨值比河流圖

單位：元

圖例：
- 股價
- 6.00 倍
- 4.50 倍
- 3.00 倍
- 1.50 倍
- 0.15 倍

註：1. 資料期間為 2014.07 ～ 2021.12；2. 觀察股價在幾倍的每股帳面值波動狀況。將 2 季的淨值差額平均分攤至期間，計算每個月的估計淨值，利用季底值的股本，計算每月估計每股淨值，再把 N 倍的每股淨值求出，加上股價月均值，繪製成圖
資料來源：XQ 全球贏家

品類景氣循環股也是要逆勢操作，跌買漲賣。

　　其實，我在 2019 年就注意到長榮了，不過因為沒有找到適合的進場點，所以持續觀望，直到 2020 年 8 月前後，那時長榮已經漲過一波，我沒有在第一時間出手，而是再觀察。長榮這類的景氣循環股特色是，你不知道它何時會

發動，有時它可能會整理好幾年的時間，而我不是那種買股後抱股等待好幾年的投資屬性，所以當時沒有買。

確認股價打出底部再出手──以長榮為例

飆股的養成需要時間與機緣，培養火眼金睛找到飆股的能力也是。如何觀察股票即將發動？我的原則是，鎖定底部起漲後會漲 2 成至 3 成的股票，但我不會在最底部的時候去買，而是先觀察底部打出來後才進場，比方看到長榮已經漲了 2 成至 3 成才進場買股，所以，我不是那種會對股票「一見鍾情」的投資人，因為生性謹慎，反而是「二見生情」。

當時我的觀察是，前一年還在盈虧邊緣的長榮還是虧損，每股淨值 14.55 元，但當時股價只有 8 元至 9 元，顯然只要景氣回來，就有機會突破淨值。

2020年8月》整理多年放量上漲，進場布局

2020 年 8 月它漲了一波，從 11 元漲到 19 元，但是那波我採取的策略是短線進出，因為通常整理 2 年至 3 年

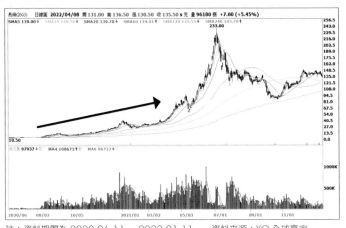

圖2 **2020年8月起確認長榮底部翻揚才進場**
長榮（2603）日線圖

註：資料期間為 2020.06.11～2022.01.11　　資料來源：XQ 全球贏家

的股票突然底部放量開始上漲一波，可能代表有大行情要出現（詳見圖2）。我同時觀察全球航運股狀況，似乎有底部翻揚的味道，應該可以留意，但是當時還看不出來景氣的春天即將來臨，所以理性如我就耐下心來等待回檔。

2020年9月11日長榮漲到近20元回檔，我在股價來到14元至15元時買了少部分股票，沒想到開始起漲，

奔到前波高點。通常我在低檔買進的上漲股票漲到前波高點時會先短出獲利了結；但不會賣光持股，做法是衝到前波高點時先賣 50%，因為前波高點通常會是壓力，我先等待觀望，沒想到它衝過前波高點，前波高點變成支撐。

2021年上半年》確認基本面轉好，適度加碼並嚴設停損

　　景氣循環股的報價很重要，如果挑選的標的是 DRAM、塑化、鋼鐵、航運等類股，進出場點一定要參考最新原物料報價。當時我買長榮也同樣參考報價，2021 年年初當航運報價開始明顯上揚，我回頭檢視 2020 年長榮第 3 季、第 4 季獲利，的確不錯，但當時股價來到 40 元至 50 元，股價偏高，所以當它拉回到 28 元至 29 元時，我認為業績確實變好，但股價有沒有可能繼續上揚還需要進一步確認，於是我開始研究長榮的基本面。

　　當時我的想法是，如果長榮續漲越過前波高點回來測支撐，我會再買回來。它後來繼續往上衝，沿著 5 日線、10 日線邁進，這時的我已經在這檔股票中獲利，既然搭上飆股列車，自然不能輕易出場，且還要在上漲的過程中適度加碼。

　　雖然獲利快速增加，我每天還是會設定一個停損價格以防萬一，如果比昨日股價下跌了 7% ～ 8% 就會出脫持股，也就是嚴格遵守停損紀律。沒到這個價位就一路抱著，到了就賣出，那時長榮最高衝到 46 元，我大約在 3 天後出場，沒有賣到最高價位，理由跟進場時一樣，先觀察與確定個股趨勢才動作。

　　我的觀念是，也許進出前後約落後 20% ～ 30%，雖然是少賺了，但是獲利仍可觀，而且風險較低，當時因為完全沒有看到實際的業績數字，純粹靠技術面操作這檔個股，所以我會相對謹慎。

2021年4月》獲利、報價揚升，續賺波段

　　一檔可能準備要發動行情的股票，當它在底部時，很難在第一時間確定趨勢與景氣等助漲條件是否齊備，這種時候通常可以看到公司營收或業績翻揚，股價也跟著漲一波。長榮 2020 年第 3 季季報的毛利率為 24%，第 4 季季報毛利率是 33%，而航運報價則是一路往上走。我同時檢視國際動態，交叉比對跟長榮接軌的公司獲利表現如何，比方看全球龍頭航運商地中海航運、馬士基或香港的中遠集

團漲勢如何,當各項觀察重點都同步走揚,貨櫃報價也沒有回檔的趨勢,可以判斷這波航運股噴出行情是全球趨勢,動能更強,這時可以跟著貨櫃報價走,一旦報價回落就要注意。

長榮這檔股票短期內很快從 40 元漲到 90 元,我在這個波段中操作一波,在它回檔後股價又衝到 200 多元,我又順勢操作第二波。

前面約略提到我的操作習慣是由上往下,看大環境與國際趨勢、產業趨勢,然後從中挑選標的;再往細部梳理,就要看個股的基本面,搭配技術面波段操作。

2021年9月～10月》營收月增率趨緩,盡速出場

當時長榮與航運類股雖然多頭氣勢明顯,我仍然不敢掉以輕心,所以會檢視長榮的營收狀況,隨時調整操作策略。而我觀察每月營收是看月增率,不是看年增率,因為景氣翻揚時年增率一定都很高,容易失準。如果公司真的賺錢,每個月代表營收獲利的月增率應該是往上走,代表成長動能很強;如果過程中看到月增率趨緩或往下走,可能代表

景氣高峰快結束，這時要規畫出場。

至於如何看出場點？以長榮為例，2021 年 7 月長榮股價最高漲到 233 元，但是可以留意到 8 月及 9 月的營收成長開始趨緩（詳見表 2），從原本月增率超過 20% 逐步下滑，這代表它的景氣高峰到了，要開始下山了。果然後來股價跌到 80 元至 90 元區間，往上來到 100 元上下震盪，這時我早已獲利了結，手中沒有股票。

前面說過，景氣循環股要看報價，當時報價回落加上營收出現停滯，已經很難再回到高點，代表這一個大波段行情基本上到此結束。除非用技術面短線操作，比方股價跌到均線、月線時可以考慮買進做短線，但這樣的操作已經跟基本面沒有太大關係了，純粹是技術面操作，獲利空間當然也無法與前面的兩波操作相比。

看準景氣循環產業淡旺季，順勢操作提高勝率

除了航運類股有明顯的景氣循環，也有些屬於時序性的景氣循環產業，如電子族群有明顯淡旺季，一般上半年是

淡季，下半年是旺季，如果要操作電子類股，建議上半年
買進，下半年會比較有表現空間；食品業第 3 季是旺季，
尤其夏天，這類有明顯時序循環的族群只要掌握好時間，
順勢操作，也比較可以在股票市場上獲利。當然，趨勢與
脈動如此，還要選對個股而且操作正確才行。

　除了景氣循環、淡旺季之別，還有一種族群屬於個別事
件或題材，如奧運、冬奧或世足賽等，這些族群因為每隔
幾年舉辦一次活動，對於紡織、鞋業、面板、電視等族群
具有某種程度的刺激作用，有話題就有題材，有題材就有
機會，有機會股價就可能上漲。投資就是如此，所以我們
要時常留意各類趨勢與題材，只要多關注日常生活就可能
抓到機會，找到投資標的。

　此外，政策變化很重要，一國的政經政策直接影響經濟
與產業發展、投資及獲利，少數超級大國的政策走向甚至
會影響全球經濟與股匯市表現。比方美國與台灣連動性
高，我們會比較重視美國總統的公開談話，如拜登（Joe
Biden）說要增加基礎建設，相關股票就可能會漲；他說要
刺激電動車產業發展，電動車族群就可能會漲。

表2　長榮2021年8月～9月營收月增率趨緩

長榮（2603）月營收表現

年月	營業收入（億元）	月增率（%）	年增率（%）
2020.05	140.38	-1.25	-13.04
2020.06	156.86	11.74	-0.17
2020.07	170.86	8.92	1.60
2020.08	188.91	10.57	16.97
2020.09	193.55	2.45	15.14
2020.10	203.03	4.90	27.01
2020.11	196.99	-2.97	22.20
2020.12	245.80	24.78	58.81
2021.01	284.35	15.68	71.70
2021.02	296.29	4.20	125.10
2021.03	321.72	8.58	134.77
2021.04	277.50	-13.75	95.20
2021.05	344.42	24.12	145.34
2021.06	377.21	9.52	140.47
2021.07	458.79	21.63	168.52
2021.08	500.22	9.03	164.79
2021.09	491.31	-1.78	153.84
2021.10	527.30	7.33	159.71
2021.11	510.41	-3.20	159.10
2021.12	522.25	2.32	112.47
2022.01	568.41	8.84	99.90
2022.02	553.05	-2.70	86.66

資料來源：XQ全球贏家

　　再如中國國家領導人習近平說要節能減碳，與綠能低碳等題材相關的股票也有機會上漲，換句話說，重要人物的說法與看法非常重要，是投資指標與風向球，不能等閒視之。如果各國都在狂推清潔能源，台灣也在推風力發電，題材在哪裡不言可喻。

3-3 留意4項基本面要點 確保公司體質強健

挑選投資標的不能亂射飛鏢，也不能人云亦云，就算是護國神山台積電（2330），進場買股前也要花點時間研究一下公司的基本面。

在觀察個別公司表現前，我會先留意公司的產業別，以及該公司在產業中的族群地位或代表性，白話的說法就是主流股、領頭羊。以晶圓代工為例，台積電是老大，老二是聯電（2303），再來是世界（5347）、力積電（6770）。如果看好的是封測股，當然主要看日月光投控（3711），緊接著是超豐（2441），其他族群依此類推。

如果要研究產業面，最好先建立排序組合概念，比方半導體產業鏈有上、中、下游之分，上游為 IP 設計及 IC 設計業；中游為 IC 製造、晶圓製造、相關製程設備、光罩、化學品業；下游為 IC 封裝測試、相關製程設備、零組件（如

基板、導線架）、IC 模組、IC 通路業（詳見圖 1）。

　IC 設計公司設計產品後會委由晶圓代工廠或 IDM 廠（整合型半導體廠）製作晶圓半成品，經前段測試後轉給封裝廠進行切割及封裝，最後由測試廠進行後段測試，成品透過銷售通路賣給系統廠商，裝配成系統產品。

　IDM 廠是從 IC 設計、製造、封裝、測試到銷售一條龍包辦的整合型半導體廠。現在熱門的第三代半導體多由 IDM 廠主導，如 Wolfspeed（原名 Cree）、意法半導體（STMicroelectronics）、英飛凌（Infineon）及羅姆（ROHM）等大廠，因為能提供一條龍多元服務滿足客戶需求，成為台灣晶圓代工廠的競爭對手。

　這些產業基本面在投資股票前一定要花時間先做好功課，建議可以看《財訊》的《股市總覽：萬用手冊》，手冊中羅列個別公司基本面，可以藉此掌握產業面變化，從中挑選產業及個股。比方現在大家在說第三代半導體，投資人就要知道與第三代半導體有關的個股包含漢磊（3707）、嘉晶（3016）、合晶（6182）、中美晶（5483）等，

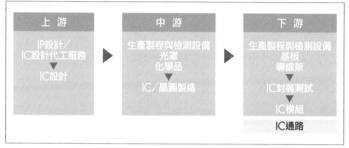

圖1　**半導體產業鏈上游為IP設計及IC設計業**
半導體產業鏈

上　游	中　游	下　游
IP設計／ IC設計代工服務 ▼ IC設計	生產製程與檢測設備 光罩 化學品 ▼ IC／晶圓製造	生產製程與檢測設備 基板 導線架 ▼ IC封裝測試 ▼ IC模組 IC通路

資料來源：台灣證券交易所

甚至做碳化矽（SiC）的茂矽（2342）等公司也都包含在第三代半導體族群中，但是同中有異，資訊掌握愈多，愈能在最短時間內評比或排序個股優劣。

有些投資人很妙，尤其是有點年紀但對股票市場一知半解的投資人，他們不太了解個股基本面與產業變化，選股憑感覺，或者只挑「知名度」高的股票，比方台積電、鴻海（2317）、大立光（3008）。

所以從前股市有個笑話，投資人打電話給營業員說要買

進「三商銀」，其實三商銀不是一檔個股，指的是台灣歷史上最悠久的 3 家商業銀行：第一商業銀行、華南商業銀行與彰化商業銀行。

我要說的是，如果投資人想靠認真經營股市獲利，真的要花時間做功課，否則只憑熱錢與熱情擁抱股市，很容易因為愚勇而心碎，畢竟新手的運氣不是天天有。所以要了解產業及公司基本面，而且要讓數字幫我們確認公司的體質與實力，體質與實力愈好，愈有底氣買進公司股票。

在了解產業大方向與個股基本面後，我會從中找出龍頭股及指標股，釐清產業地位，接下來要看個股優劣勢，也就是公司體質好壞。研究一檔個股體質時，我會從 4 項基本面要點觀察：1. 公司營收、2. 獲利、3. 財務表現、4. 月營收成長率。

基本面要點1》營收

我認為，觀察公司最重要的指標是營收，營收無法做大也不可能有很好的股價表現空間；反之，營收成長幅度愈

大，代表目前業績進入快速起飛階段。如果一家公司的營收不斷往上衝，代表公司成長幅度大，如過去的鴻海，從一家營收幾百萬元、幾千萬元的公司到破兆元，公司規模變得非常大，相對地，它的股票爆發力就會很強。

當公司營收快速成長時，不論是月營收、年營收都會快速成長，代表這家公司很有潛力，可以投資。但要注意，股市上漲的過程中，如果公司營收沒有持續往上衝，通常之後的股價不會有更好的表現，因為營收往上衝代表公司產業景氣來到該表現的時間點；反之代表動力不足，上漲無力，除非有其他題材加持，所以觀察公司基本面，營收是重中之重。

基本面要點2》獲利

第 2 項基本面要點是看獲利。一家公司的營收擴大後會出現規模經濟及單位成本降低等效益，所以營收增加，獲利也會快速成長。

不少小型電子公司在營收成長快速時，會同步出現獲利

暴增，所以如果觀察到某些小型股營收增加很多，這時可
以留意它的股價表現。比方某些小型 IC 設計股，特別是毛
利高的產業值得留意，如果公司毛利高、營收成長快速、
獲利暴增，股價通常都有非常好的表現。

基本面要點3》財務表現

第 3 項基本面要點是看財務表現。如公司的負債比、流
動比等不能太差，每股淨值也要夠高，才能確保公司不是
風吹便倒的體質。

不過，關於這點，投資人不用太過擔心，通常有條件在
上市上櫃市場掛牌買賣的公司都不會太差，財務相對健全；
除了定期公布財報，任何重大訊息也會主動在股市觀測站
中揭露，只要投資人主動掌握資訊，好壞消息不容易漏接。

基本面要點4》月營收成長率

第 4 項基本面要點是看月營收成長率（月增率）。較
常用到的有年增率（YoY）、季增率（QoQ）、月增率

（MoM）等，差別在於計算期間的長短。公式如下：

①年增率（年營收成長率）＝（當年全年營收－去年全年營收）÷ 去年全年營收 ×100%

②季增率（季營收成長率）＝（當季營收－上季營收）÷ 上季營收 ×100%

③月增率（月營收成長率）＝（當月營收－上月營收）÷ 上月營收 ×100%

營收成長率逐漸攀升，代表市場對公司產品的需求度高；營收成長率衰退幅度降低，代表公司營運衰退幅度趨緩，股價有機會反轉向上，但風險相對較大。

若是營收從衰退轉為成長，代表公司有好消息，如轉型成功或取得新訂單，或者公司推出的產品逐漸受市場青睞，此時股價也可望迎來轉機。

我說過，投資營收正在成長的股票，我一般是觀察月增率表現，而不是年增率，因為景氣翻揚時年增率一定都很高。但是如果看月增率，公司賺錢或產業景氣好的時候，

會反映到每個月的業績，業績好月增率應該都是步步高，代表成長性很強；反之，如果看到月增率趨緩或往下走，可能代表景氣高點將要結束。因此觀察公司的月增率，會成為我投資這類股票時的加碼、減碼或續抱、出場的參考。

營收動能強，將反映在股價爆發力上

當公司的營收動能很強，會反映在股價的爆發力上，如果動能趨緩但是獲利表現還是不錯，這時候進場可能正好趕上它要走下坡路了。基本上，股價波動來自於營運動能的改變，所以如果能掌握該公司月營收增長幅度的動能強弱，更能準確判斷股價後市表現。

如果只是觀察公司基本面或營收年增率，較無法看到更為細部的真實動態，以長榮（2603）為例，1季每股盈餘（EPS）約15元，代表1年約可賺50元至60元，本益比很低，這時如果進場買股可能會套牢，所以一檔股票要看營運動能本身，而不是絕對獲利。

就像我說的，觀察月增率能夠抓到公司股價的動能強弱，

更能感受到公司心臟的跳動。以長榮為例，2020 年第 3 季時長榮營收約 500 多億元，到了第 4 季彈跳到 600 多億元，很明顯地，它的營運動能已經出現。當時長榮股價約 40 元至 50 元，EPS 約 2 元至 3 元，本益比很高，多數投資人因為害怕所以不敢買，但其實它已經在催動油門，準備大爆發了，想賺大錢當然要此時進場。

進入 2022 年，長榮暫時看來表現不若 2021 年，營收月增率成長幅度也明顯趨緩，我認為這代表高點已過，煙火最璀璨的時候已經過了。長榮算是我在 2021 年的「代表作」，它讓我獲利豐厚，如果它的景氣還在，我會一直追著它，但是它暫時不在我的口袋名單內了。

提醒投資人，如果沒有跟上 2021 年的長榮波段大行情，不用哀怨嘆息，可以尋找下一個目標，股市處處有機會，如果它暫時不會有表現，當然不需要因為曾經的美好而繼續留戀這檔股票，這就是我的操作原則：理性、不感情用事、重紀律，而且機械化操作。

3-4

投資產業龍頭股
抓準景氣脈動賺上漲行情

買股票就要買會漲的股票，而且要有一定的獲利空間，如果買賣股票扣掉手續費與證交稅等有形成本後，只是損益兩平甚至獲利為負數，所為何來？這還不算付出的時間成本與腦力成本！

所以，提醒投資人，選股要選會漲的主流股、龍頭股甚至飆股，否則只是刷個存在感，沒有意義。

如何找尋安全而且可能漲比較多的股票？除了自己做功課研究基本面與產業面，還可以觀察重要投資人的選股方向，比方三大法人。每日收盤後，證交所會公布三大法人買賣、融資、董監事持股增減等最新資訊，投資人可以參考這些進出資料擇優選股。不少看盤軟體也都有詳細的三大法人買賣超進出資料，從中可以看出法人認養哪些股票，看好或調節哪些持股。

由於法人持股部位較多，買進或賣出的張數不是小散戶可以比擬，多是以億元為單位，因此法人動向很容易影響大盤或個股表現。如果投資人屬於不太有時間看盤盯盤、沒時間研究產業基本面、籌碼面、技術面，跟著法人選股買賣也算是一種站在巨人肩上吃肉喝湯的「懶人投資法」。

解析三大法人選股邏輯與操作習性

想跟著法人吃肉喝湯，就要了解法人的選股邏輯與操作習性。一般我們常聽到的「三大法人」，包含外資、投信與自營商：

外資》多採「由上而下」策略，鎖定大型權值股

外資屬於全球性資金，投資標的遍及全球各個不同的金融市場，在股票標的選擇上相當重視市場價值，也就是「市值」，而這類股票多半是權值股，在股票市場上具有一定分量，多是產業中的龍頭股。

比方「護國神山」台積電（2330）占台灣上市公司總市值28.88%、聯發科（2454）占約3.2%、鴻海（2317）

占 2.63%（資料日期為 2022.02.25，詳見表 1）；又好比韓國的三星電子，占南韓股市（KOSPI）總市值約 20%（資料日期為 2022.03.11），這些企業都是「喊水會結凍」的龍頭股，也是外資青睞的資優生。

外資買賣一定是因為看好或看壞個股、產業，決定買賣動作的自然是扎實的第一手研究報告。基本上，跟著外資的選股名單走，不太容易跌破眼鏡，就算短線波段操作沒跟上外資的進出場節奏而獲利相對變少，「抱緊」處理，長期持有也不會有太大的問題，特別是前面提到的「資優生們」。

外資的投資策略最常見的就是「Top-Down」（由上而下），也就是習慣先由總體經濟、景氣面的角度觀察產業或個股，投資組合相當多元，資金配置搭配不同組合，這也是我個人習慣的投資策略。

由於外資資本雄厚，可以靠分散投資分配資金或藉由分散投資達避險目的，因此投資清單洋洋灑灑，每日進出金額可觀。

表1 **台積電市值占台股大盤比重約28.88%**

台灣加權股價指數市值占比前10大個股

排名	股號	個股	占大盤比重（%）
1	2330	台積電	28.88
2	2454	聯發科	3.20
3	2317	鴻　海	2.63
4	2412	中華電	1.78
5	6505	台塑化	1.72
6	2881	富邦金	1.63
7	2882	國泰金	1.51
8	2603	長　榮	1.40
9	1303	南　亞	1.28
10	1301	台　塑	1.23

註：1. 資料日期為 2022.02.25；2. 比重數值四捨五入至小數點後 2 位
資料來源：台灣證券交易所

　　我跟眾多投資人一樣，以自有資金操盤，資金有限，所以我習慣單壓 1 檔重點股票，盡量不會同時持有超過 3 檔股票，最多也不會超過 5 檔，否則會容易分心，無法周全照顧。

　　另一種投資策略是「Bottom-Up」（由下而上），也就是先考量公司的個別競爭力，再斟酌產業面好壞因素，接下來評估總體經濟、景氣面等因素。

　　由上而下方式多半買進產業龍頭股或權值股，買進股票的考量點主要是看好台灣整體的總體經濟與景氣狀況，所以從外資買賣金額多寡也多少可以嗅出外資對台灣投資環境的看法，買超金額愈多愈看好，個股持股部位愈高也代表看好程度愈高；由下而上方式則是鎖定具有競爭力的個別產業或公司，因為已經掌握該公司實際狀況與獲利狀況，所以可以放心大膽買進。

　　如果你問我：由上而下還是由下而上策略比較好？我個人是採取前者，因為波段投資趨勢向上的股票自然比較有利；但如果是非常了解個別產業或非常熟悉景氣循環眉角的投資人，當然也可以透過由下而上的投資策略鎖定看好的標的，2種操作策略挑選的標的屬性不同。

　　以外資而言，其買賣清單可能包含大型權值股，以及中小型個股，但又以前者為主，因為大型權值股的股本大、籌碼多，也多半在國際上有一定地位，因此外資可掌握的資訊較多。

　　基本上，外資買進張數愈多、金額愈大、持股天數愈長，

代表看好程度愈高，這部分可以透過看盤軟體的外資買賣超數據獲得證實。當然，即便連買好幾天某一檔個股，之後也可能賣出調節，以波段操作方式進出股票，這些細節只要花時間觀察外資動向，一般多能有所掌握，因為資訊公開透明。

不過，提醒投資人，要注意是「真外資」還是「假外資」，市場有不少以「-KY」結尾的股名簡稱，這些個股指的是外國公司在台第一檔上市的個股，而公司原始股東多半是外國身分，乍看會以為是「外資」買賣個股。

此外，由於股價漲跌很容易隨著外資進出起伏，有些公司為了讓股價上漲，會刻意選擇在海外免稅地區成立新公司，再以境外公司的名義大量買進股票，行炒作之實；這些都不是真外資而是「假外資」，這部分要稍加留意，以免選錯標的。

投信》青睞股性活潑的中小型股

講求績效的本土投信與外資操作習性不同，因為投信研究員長期研究產業與個別公司基本面，熟悉度與掌握度高，

多以股性較為活潑的中小型股為主；當然也因為中小型股比較容易掌握，這部分與外資鎖定大型權值股不同。

值得一提的是，投信與國內券商、銀行彼此「同氣連枝」，都是兄弟，有時為了提升旗下發行的基金績效，很可能透過手中的資金「護航」與自家基金連動高的股票。由於籌碼鎖定而產生法人認養績效，股票投資績效好，基金連帶受惠，基金績效優於其他投信發行的基金，自然有助基金銷售。這些骨牌效應環環相扣，很可能影響投資人手中的股票價格變化。

因為有這些盤根錯節的關係，所以在參考投信買賣超個股時，不妨花點時間觀察投信買超的個股是否屬於「認養」與「護航」性質；如果不是，代表投信所做的研究報告確實看好某檔股票的未來發展性，投資人可以跟著投信腳步選股。

此外，每年3月、6月、9月、12月季末，不少基金經理人為爭取亮眼的績效，可能鎖定籌碼相對安定的中小型股，或者認養潛力股，如果這段時間多留意投信進出動態，

也可能從中找到不錯的投資標的，搭個順風車短線獲利。

另一項觀察指標是投信買賣超中是否出現同一種族群，比方名單中出現多檔航運類股或電子股，代表相關產業後市可期，也可能是下一個主流趨勢或強勢族群，這時跟著買基本上不會錯。或者可以觀察大盤回檔時，投信反向加碼了哪些持股，這些個股同樣具有可參考性。

不過，外資或投信都是以追求績效為最高指導原則，當大環境或盤勢不佳，或有個別原因必須反手賣股時，外資與投信都不會手軟，如果發現這兩大法人出脫持股，也可以適時減碼或出清持股。畢竟少了兩大法人的資金活水加持，股價難有表現，但如果打算長期持有股票，而且是前面提到的「資優生們」，可以不用太在意法人的短線調節。

自營商》著重短線交易

至於三大法人中的自營商，多半以流動性高低為考量，較著重於短線交易，在意的是「積沙成塔」拼績效與獲利；所以一般投資人很難跟上自營商的腳步進出，甚至很容易成為自營商倒貨的對象，基本上我不建議跟著自營商的腳

步選股或操作，風險太高。

優先布局主流族群的龍頭股、領先股

就算不跟著法人走，我也同樣建議投資人盡量買產業中的「第1名」或產業中的領導股，以晶圓代工產業來說就是台積電等個股，如果是長期投資可以買進或觀察台積電，也可以透過台積電的表現看產業的長期發展與景氣發展。

龍頭股會是產業景氣的指標，買龍頭股可以確保投資人確實跟上景氣脈動，走在獲利的道路上。所以，航運股在狂飆的時候當然要先買長榮（2603）；過去被動元件狂飆的時候要先買國巨（2327）；鏡頭狂飆的時候先買大立光（3008），依此類推。

當然，第1名或龍頭股不見得是當時最會漲的個股，但是，如果龍頭股可以漲1倍，同樣產業族群中的二線或三線個股絕對可以漲2倍、3倍，我們可以看大做小，視手中的資金多寡決定買進標的。原則上，我還是建議盡量買龍頭股，但無論決定如何，一定要先看大，龍頭股絕對是

觀察產業非常重要的指標！

　　再來就是所謂的「領先股」。在同一個產業別中該如何挑選？比方長榮、陽明（2609）等多檔航運股，當然選龍頭股長榮沒有錯；可是，如果這一波往上漲的過程中萬海（2615）才是最高價的，而且一路往上衝，「氣勢」跟表現甚至蓋過龍頭大哥長榮，這時，萬海反而是所謂的領先股或領導股，我們可以將關愛的眼神投向它。

　　股票市場上，我們的確常常看到，領導族群上攻的個股未必是龍頭股，可能是二三線股票，但是當時它的氣勢最強，所以可能表現相對更佳，投資人千萬別放過順勢而為的機會。所以，我的建議是，可以買整個產業的龍頭股、第一名，也可以買當時氣勢最強的領先股或領導股。

3-5 追蹤市場動態 尋找有機會爆發的熱門題材

　　題材！題材！行情需要題材引爆，題材發酵後股價才有機會上漲。很多品牌喜歡用「故事」行銷，個股上漲也需要故事推波助瀾，不論是業績題材、景氣循環題材、未來題材，故事愈豐滿，股價愈迷人；反之，「恐怖故事」容易讓股價崩跌。所以挑選股票除了重視基本面、技術面等「硬實力」，題材面與話題性等「軟實力」也很重要！

　　根據永豐金證券統計，2021年5大熱門題材為半導體、航海王、電動車、元宇宙、ESG。根據時間軸與交易數據分析，2021年2月份坐上題材股衛冕者寶座的是半導體族群；4月份走航運類股題材，尤其航運類股指數年度漲幅高達157.64%，爆發力驚人；6月份走電動車題材，主要受惠於美國總統拜登（Joe Biden）宣布產業相關政策；8月份走ESG題材，永續環保與全球能源走勢帶動ESG族群緩步成長；10月份走元宇宙題材，全球科技巨擘相繼

宣示進軍元宇宙帶動相關類股「本夢比」發酵。

　　從 2021 年 10 大人氣股不難看出題材點火的威力：聯電（2303）交易人數超過 9 萬 8,000 人，其他依序為長榮（2603）、台積電（2330）、中鋼（2002）、群創（3481）、陽明（2609）、友達（2409）、華航（2610）、鴻海（2317）與長榮航（2618）。簡單來說，有題材才能吸引人氣，有人氣才有買氣，有買氣才能推升股價。花若盛開，蝴蝶不請自來！

「永續」趨勢未來20年～30年不退流行

　　除了前面提到的穩定型產業、景氣循環產業類股或產業龍頭股，具有話題性的族群也不能忽略。以近年很熱門的 ESG 來說，這個概念族群代表的是「永續」題材，2004 年由《聯合國全球盟約》（UN Global Compact）首次提出，是一項企業經營指標。

　　ESG 分別代表環境保護（E，Environment）、社會責任（S，Social）及公司治理（G，Governance）。基本上，

ESG 評分愈高的企業，受金融危機波及的程度愈低，這類公司不僅在營業績效上具有一定表現，也深受投資人信賴。

　　未來 20 年至 30 年，「永續」是不退流行的趨勢，在眾多題材中具有一席之地，台股中具有 ESG 題材的代表性個股包含台積電、聯發科（2454）、鴻海、聯電、華碩（2357）及富邦金（2881）。至於在國內掛牌的台股永續 ETF 有 4 檔：富邦公司治理（00692）、元大臺灣 ESG 永續（00850）、國泰永續高股息（00878）及永豐台灣 ESG（00888），如果投資人對 ESG 概念股有興趣，可以檢視幾大 ETF 中的持股名單，從中挑選個股。

　　挑選股票時還可以留意與國際局勢連動性高的個股，一般觀察較多的是陸股與美股。比方如果陸股最近流行第三代半導體或車用電子，台灣跟這個題材有連動性的個股或產業就可能會有表現；如果美股現在流行元宇宙或自駕車，台灣跟這個題材有連動性的個股或產業就比較有表現空間。

　　我們可以參考或交叉比對趨勢與個股表現，進一步篩選出與國際連動性高的國內產業，再從中建立選股名單，比

方航運股與歐洲馬士基或中國遠航的表現相比是否較佳？
如果是，台灣的航運類股也可能因為連動性而有上漲機會；
或者反向思考，當台灣的航運類股上漲時，我們可以觀察
歐洲馬士基或中國遠航的表現，如果表現都好，代表全球
航運類股齊揚，帶動的族群效應與上漲幅度可期。

　　同理，我們也可以觀察台灣的太陽能股跟國外的太陽能
股是否相互連動？台灣類股在上漲的時候，國外是否也同
步上漲？比方幾年前台灣的被動元件在漲，日本被動元件
也在漲，如果這些產業連動與類股齊揚都是真，代表題材
與趨勢不是假，更能確定選股的正確性。

台股最會上漲的季度是第4季和第1季

　　翻開1頁台股史，30年前，台灣「菜籃族」發揮螞蟻雄
兵的力量，跟進投顧老師報的「明牌」，成就股市中的超
級明星，後來不少超級「老師」身陷囹圄。不提婆婆媽媽
捧出來的「老師」，大家應該還記得股市「4大天王」雷
伯龍、游淮銀、沈慶京與榮安邱，當牛他們在台股呼風喚
雨，喊水會結凍。

　　除了 4 大天王，那些年還有不少知名主力作手，如「亞聚陳」、「櫻花張」、「益航陳」等，還有股市聞人翁大銘、黃任中。法人成為控盤主角後，過去老主力靠資產股、傳產股或金融股養、套、殺的做法已不復見；新一代主力回歸基本面操作，透過資訊與數據面的掌握，一層一層撥開公司面紗，甚至仿效股神華倫・巴菲特（Warren Buffett）、德國股神安德烈・科斯托蘭尼（André Kostolany）的做法，操作中小型股靈活獲利，或者長期持有股票，向價值型投資靠攏。

　　回歸基本面就要靠勤於研究做功課，如果你不想花時間做功課，除了前面提到跟著法人選股的「懶人投資法」（詳見 3-4），也可以順著族群的淡旺季、波段景氣循環進場，等到高點收割出場，按照經驗法則傻瓜式操作。

　　如果以 1 年時間來看，每年的食品或飲料旺季是第 3 季或下半年，你可以在第 2 季時買進食品股；第 3 季則買塑化紡織傳產股，通常第 4 季到隔年第 1 季是旺季，上漲的機率很高；電子股建議第 1 季買，第 1 季通常漲題材股，相關個股表現較好。

　　歷史資料顯示，台股最會上漲的季度是第 4 季和第 1 季，你可以在每年 10 月～ 11 月進場買股，隔年 3 月至 4 月獲利出場，回顧過去紀錄，這段期間股票上漲的機率為 60%～ 80%，換句話說，全年大部分的時間睡覺都沒關係，但是 10 月至 11 月要醒過來買股，隔年 3 月至 4 月出場後再回去睡。更簡單的做法是，第 4 季做傳產，第 1 季做電子。

公司法説會需有重磅消息，才有可能帶動漲勢

　　另外，也可以掌握法説會題材，不過根據統計，公司公布財報後行情都不是太好，因為股市領先反映業績，除非公布的結果超出預期，才可能帶動後面的漲勢。

　　還有一種狀況可以留意，那就是往年都沒有召開法説會的公司，突然宣布舉辦法説會，這代表可能有重大利多，好消息自然連帶可以拉升行情；反之，一般法説會召開如果沒有重磅消息加持，法説會之後通常是利多出盡時，萬一法説會公布壞消息或營收不如預期，反而可能成為利空，引發賣盤湧現。

　　以 2021 年台積電、聯發科、國巨（2327）為例，3 家公司舉辦法說會都端出亮眼的成績單，但會後法人卻調節持股，主要是因為 3 家公司的第 2 季獲利並未「超出」市場預期，數字跟法人預估值相差無幾，加上第 3 季、第 4 季沒有「加分」題材，因此法說會之後股價反而下跌，這些市場眉角要多留意。

　　我在《財訊》任職時做過很多基本面研究，我的觀察是，公司召開法說會時「老闆」或公司代表說了什麼話很重要，而「老闆」是誰也會影響所說內容的參考價值。比方台積電法說會，通常我們會看財報內容，也要聽公司代表如何回答法人提問的問題，從這些蛛絲馬跡中推敲近期或未來這家公司的股價可能走勢，然後調整自己的操作策略。

　　至於「老闆」是誰，說的話是否具有參考價值，從台積電創辦人張忠謀每次發言後引爆的風向效益就能看出「老闆」發言的重要性，而張忠謀的發言除了代表台積電，也可以從中嗅出半導體產業未來的發展方向。至於哪些「老闆」發言像「放羊的孩子」？投資人上網 Google 一下可以找到不少資料，下回再碰到這些大老們發言，聽聽就好。

　　另外，可以留意董監改選題材，但董監改選每 3 年一次，所以要留意時間點。以台灣來說，有董監改選題材的大多是資產股或被低估的老牌公司，投資人偶爾可以關注一下。

　　還有一些概念股可以留意，像是蘋概股、5G 概念股等；不過說實話，有些題材如元宇宙、5G 概念或電動車概念股等趨勢意味濃厚的題材，一般人很難判斷未來的業績好壞，比方元宇宙就還相當遙遠，目前還看不到技術真的落地應用。

　　然而，股市就是如此，還沒有發生的題材可能漲很多，實現利多後可能就不太漲了。我建議，操作這類題材股不要用基本面，而是要用技術面操作，破線就出場，技術面強勢就進場，畢竟，有題材也不能亂射飛鏢。

　　再以蘋概股為例，蘋果（Apple）公司的供應鏈與相關題材已經很固定，如果仍要鎖定這個族群，建議找有爆發力的、從無到有或從少到多的個股。比方可以觀察每年蘋果發表新機帶來哪些創新科技、增加或移除哪些功能，從中梳理可能出線的蘋概股。

像是過去還沒有人臉辨識（Face ID），推出新功能後，穩懋（3105）、精材（3374）就大漲一波；前幾年 AirPods 推出防水功能，康控 -KY（4943）股價從 100 元漲到 600 元，所以投資蘋概股要先找出新的機會點。

概念股有題材才有機會，如 5G 處於基地台建置階段，電信業者也推出 5G 專網，這時要找與 5G 基礎建設相關的股票，或者挑選電信股。先抓產業面變化，再看個別公司，如銅箔基板業者就有好幾家；可以從上到下先篩選公司，再從中比較本益比、營運動能等優劣，最後挑選標的，不能只看表面題材選股。

除權息有望刺激買氣，投資人可提前布局

此外，每年 3 月～ 4 月左右，各公司會陸續召開董事會通過去年財務報告，並決議要發放多少股利，並於 5 月～ 6 月左右召開股東會確認。這段期間投資人可以多關注公開資訊觀測站的公告訊息，快速掌握股利的配發資訊；因為若是股利優於往年表現，或是股利高於市場期待的公司，往往會在公告股利後吸引買盤，帶動股價上漲。

　而 6 月左右開始進入一年一度的除權息旺季，7 月及 8 月逐漸進入除權息高峰，通常股價相對高點就會出現在除權息日之前。若想要提前布局除權息行情，不妨在公司宣布股利之前，就先判斷公司去年或去年前 3 季獲利是否優於先前表現，若認為公司股利可以維持，甚至增加，即可提前進場布局，等公司宣布股利後就能等著股價上漲。

　值得注意的是，除權息旺季時期貨指數可能呈現大幅逆價差，但並不代表法人看壞後市；投資人可以先觀察趨勢多空方向及產業、公司前景再決定是否參加除權息。

　總之，想要靠投資股票獲利，還是要花時間留意細節，天下沒有白吃的午餐；我現在仍舊每天關心盤勢，研究相關資訊，追蹤投資動態，貼近市場脈動，保持投資敏銳度。

第4章

搞懂技術線型
確認買賣時機

4-1 在投資市場中 「順勢而為」最重要

　　投資股市好比置身於非洲的原始森林，要學會觀察氣象，才能夠在適合的天氣出外打獵。天氣狀況就是趨勢，所謂的「趨勢」具有規律且持續朝同一個方向前進的特色，如果趨勢走多就進場做多，趨勢不明要發揮耐心，觀戰於外，一旦趨勢走空就全面退出股市。

只在多頭時做多，看不懂盤勢就等待

　　投資股市多年，我認為世界上最強、最忠實的朋友就是趨勢。想在股市中賺大錢不是靠股價起伏，而是靠主要波段；不靠解盤或預測，而是靠評估與判斷市場趨勢。

　　簡單來說，想賺股市財，評估及掌握趨勢為根本。我認為「順勢而為」很重要，投資市場中具有「反骨」的投資人，簡直是拿自己的錢開玩笑，從錯誤的方向操作，硬要逆勢

而為，即使抓住小波段也不會賺太多錢。至於在空頭市場中，所有的多頭炒作注定都會失敗；反之亦然。順著趨勢走有幾項重要的原則：

1. **多頭**：股票要做多，期指也做多，回檔逢低可布局選擇權。多頭走勢確認時可以採突破買進、逢回買進等策略。若認為多頭還不確定，只能拉回買進，突破反而要觀望。

2. **空頭**：反向操作，不做多股票，就算是強勢股也不要買；如果懂得做期貨指數，則在此時做空。

3. **多空不明**：盡量不做任何動作，等待為良策。

事實上，在我看來，市場只有一個方向，不是多頭，也不是空頭，而是「對」的方向。跟著趨勢走，投資人當然不必選邊站，誓死效忠多方或空方；而是順勢而為，多頭時做多，空頭時做空，看不清楚時就停下來等待。

投資人唯一要關心的是正確性，過程中不可能不犯錯，但是少犯錯、多做對，可以提高報酬率。

至於如何發掘趨勢？我先來說說 2022 年可觀察的趨勢。

就在市場上普遍認為美國聯準會（Fed）將在 2022 年 3 月起升息時，俄烏戰爭爆發，打破 2021 年第 4 季以來眾人勾勒的趨勢軌道。

2 月 24 日俄羅斯入侵烏克蘭，震驚全世界，一場地緣政治危機再次將全球金融市場推入高度的不確定中，除了歐洲股市多數下跌，俄羅斯股市更崩跌近 20%；亞洲地區的台股下跌 461 點、日股下跌 2.4%、澳洲股市跌逾 3%、中國藍籌股下跌 1.3%……。

全球股匯市多有震盪，這時應該趕緊賣股逃命還是危機入市反向操作？股神華倫·巴菲特（Warren Buffett）曾說，就算爆發世界大戰他也不會賣股，因為他相信，投資企業是積累財富的最佳方式，而戰爭期間反而不要囤積現金、黃金或比特幣。

受俄烏大戰影響，美元、黃金和油價節節上升，其中，油價更飆破 100 美元大關。俄羅斯是世界第 2 大石油生產

國，市場擔心歐美各國對俄羅斯相繼祭出經濟制裁後，全球供應鏈可能受到衝擊。

事實上，俄烏兩國在全球金融市場上的影響不像大家想得那麼大；國際上流通的俄羅斯債券不多，糧食與油價短期上漲難免，只是不巧事件爆發正逢全球面臨高度通膨壓力、美國聯準會即將升息之際。即便事件落幕，因此事件所衍生的後續金融效應還需要時間消化。

投資人正站在發掘趨勢、尋找投資標的或避開地雷股的另一個十字路口。按照巴菲特或過去全球金融危機之後的股價表現，現在反而是混亂中找機會的最佳時間點。

如果想危機入市或檢視手中持股是否「掃到颱風尾」，首先要從觀察個股與國際股市連動的方向思考，但我更關心的是美國聯準會的升息動作。

聯準會已於 2020 年 3 月中旬啟動升息，影響全球產業與經濟動向，也連帶影響股市表垷，投資人一定要留意國際趨勢與台股的連動與後續，觀察指標仍鎖定聯準會升息。

如果不想太燒腦，不想花太多時間追蹤盤根錯節的國際連動，甚至不想頻繁進出股市，也可以買相對穩當的金融股、電信股，也就是 3-1 說的穩定型產業股票，或者買進大盤型的指數股票型基金（Exchange Traded Fund，ETF），如元大台灣 50（0050）可長期持有，部分獲利穩定的食品股、通路股也可以長抱。

有興趣長期存股的投資人可以開美股帳戶，存股要往更大的市場去看，鎖定如美國麥當勞（McDonald's）、星巴克（Starbucks）等標的，長期投資績效會比台灣更好；至於中國市場因為政策變化太大，風險相對較高，不適合傻瓜型投資人。

可持續觀察6個市場趨勢重點

「由上而下」（Top-Down）看趨勢，我認為 2022 年在台股登上 1 萬 8,000 點後，投資人要觀察 6 個重點：

重點 1》2021 年航運類股景氣循環已達高峰，高峰之後是否仍有表現或投資空間，需要持續觀察，操作宜謹慎。

重點 2》半導體景氣好，但 2022 年是否走到高峰頂點，這部分需要留意。

重點 3》防疫概念題材走了 2 年，就目前的新冠肺炎疫情走勢與國際防疫態度來看，防疫類股已經沒有特別的題材可能帶動股價。

重點 4》美國聯準會鷹派升息或鴿派升息影響後續資金效應。

重點 5》俄烏戰爭引發的高油價及通膨問題。

重點 6》疫情引發 2 年的塞單、塞港問題是否獲得解決。

2022 年最重要的觀察指標是聯準會升息、疫情後續與塞港恢復狀況，所以過去 2 年的好景氣也有可能瞬間反轉。不過，判斷景氣確實很難，我建議一般投資人可從盤面上看，股市是經濟的櫥窗，真正影響股市好壞的是公司派、大股東，他們最了解市場景氣，投資人不妨觀察公司派的後續動作。比方航運族群，如果公司派對外表示今年景氣

與獲利很好，卻一直在賣股票，導致股價下跌，當然要以盤面實際狀況為準；反之亦然。建議投資人多觀察，不要預設立場。

如果疫情降溫、貨運塞港恢復、供應鏈恢復正常、缺料及通膨隱憂問題獲得解決，2022 年不容悲觀，甚至 2022 年台股上攻 2 萬點仍有機會。因為 2021 年上市櫃公司獲利達 4 兆 2,000 億元，台股本益比僅約 13.5 倍，與 15 倍合理本益比相較，顯然台股價值被低估；另一方面，企業獲利有強勁的基本面支撐，加上市場資金仍然相當充裕，只要選對也做對，繼續在台股中獲利不是難事。

至於趨勢焦點，我建議關注科技新產業、淨零碳排綠色能源及國際總經表現，把握與節能、缺貨、升息、低基期等題材連動的個股。如果想布局具有獲利成長空間的族群，半導體類股仍是首選。除了 IC 設計股、第三代半導體，電動車、元宇宙、AI、低軌道衛星及非同質化代幣（Non-Fungible Token，NFT）題材也可以多留意。

如果從半導體族群篩選標的，首選還是台積電（2330）；

或者可以鎖定從台積電輻射出去的矽晶圓上游或下游業者，跟台積電密切連動或依附在台積電周遭的設備供應商也是不錯的選擇，如聯發科（2454）。

電動車建議鎖定電池原料股，如康普（4739）、美琪瑪（4721）、聚和（6509）等。如果投資人對電動車組裝有興趣，可以考慮鴻海（2317）或鴻準（2354）。至於蘋概股可以留意 MR 頭盔、鏡頭、微投影機、Wi-Fi、5G 等題材，或是與資料大量儲存有關的伺服器業者。

整體而言，2022 年一開年全球經濟呈現高度不確定性，投資人可以仔細留意通膨回落的速度、貨幣政策、企業獲利或企業轉型表現，分散投資組合，同時按照我的機械性操作法，嚴守停損紀律，獲利 10% ～ 20% 並不難。

4-2 先從均線看趨勢 再用型態找進出場點

技術面是時間、空間、心理的總和,我們可以根據基本面挑股,根據技術面判斷進出。由大到小的判斷順序是趨勢>均線>型態>技術指標。

均線呈現多頭排列時,有助股價持續上漲

投資股票不能只看漲跌價位,還要有基本的技術分析能力,比方移動平均線(Moving Average,MA)就是相當重要的一條趨勢線,代表一檔股票過去一段時間的平均成交價格。

移動平均線就是均線,當均線價格向上逐步攀升,代表投資人看好這檔股票,一個一個進場承接股票,甚至願意花比較高的金額買進,這代表股票趨勢向上,後市看漲機會高。

均線最能看出趨勢，依時間長短，主要可觀察以下 6 條均線：

◎長期均線：年線、半年線。
◎中期均線：季線、月線。
◎短期均線：10 日線、5 日線。

當股價＞均線：有信心獲利

代表近期買進個股的投資人是賺錢的，股價一直在均線之上代表股票持有人對股票獲利有信心，出現恐慌性下跌的機率不大，這時均線就成為重要的支撐線。

當股價＜均線：沒信心獲利

代表近期買進個股的投資人開始賠錢，部分持有者可能信心動搖；相對而言，賣方壓力變大，股價下跌的可能性相對變高。只要股價接近原來的均線位置，持股者很可能會迫不及待攤平出場，這時均線就成為短期的壓力線。

當短期均線與長期均線彼此糾結：多空傾軋

這時均線糾結，代表股價多空不定，市場信心在買方與

賣方間拉鋸，股價失去方向感，很容易進入橫向盤整。

均線代表趨勢，趨勢多空強弱明確後，接下來要判斷型態，如 M 頭或 W 底，同時還要看量價關係，最後才是觀察籌碼面跟技術面。大小、遠近層次邏輯要正確，才不至於誤判情勢。

換句話說，技術面代表技術型態，要把先後順序擺清楚，萬一碰到技術面看來狀況不佳但趨勢線卻往上時，趨勢仍然是最重要的觀察指標；再來才是型態、量價、籌碼及技術指標。當重要性較大的觀察指標展現威力時，重要性較小的指標可能就不那麼重要，或者當兩者互相牴觸時，要以重要性較大的指標為優先。

均線是技術面最重要的趨勢指標，如果觀察到 6 條均線全都往上，毫無疑問是趨勢走多，最好是從下往上按年線、半年線、季線、月線、10 日線、5 日線排列，這樣的排列是標準的多頭排列格局，股價表現會非常強勁（詳見圖 1）；反過來說，如果年線在最上面，往下依序是半年線、季線、月線、10 日線、5 日線，就是空頭排列。我們可以從均線

圖1 **多頭排列格局之下，股價表現強勁**
以精材（3374）日線圖為例

註：資料期間為 2019.08.30 ～ 2020.03.06　　資料來源：XQ 全球贏家

找買點及賣點，如果均線是多頭排列當然做多，空頭排列
則做空。

　　均線具有指引趨勢的作用，也有助漲助跌的作用，更有
穩定功能，當均線向上發散，代表趨勢向上，此時的均線
具有助漲作用；如果均線平穩發展，代表中長期向上的多
頭趨勢更為明確；反之亦然。以撼訊（6150）為例（詳見

圖2），2017年10月開始，均線呈現完美發散的多頭排列，助股價持續上漲；2018年4月股價反轉，多頭排列型態遭破壞，導致股價續跌。

多頭排列以均線支撐為買點，跌破支撐應停損

當均線呈現多頭發散，代表市場趨勢強勢上揚，進場以均線支撐點為買點；一旦股價跌破均線支撐，則為停損點。

一般用年線判斷多空，季線判斷這一季的表現。季線或月線通常是不錯的中期買點，季線的中期買點意思是年線、季線、月線都往上，當股價回到季線時就是中期買點；月線的中期買點則是月線、季線、年線都往上，當股價回到月線時也是不錯的買點。

空頭則是反過來，股價跌破下滑的季線或月線，就是不錯的空點，只要掌握趨勢位置就可以判斷這時應該做多或做空。以康控-KY（4943）為例，2017年因為蘋概股光環加持，股價從60元左右暴漲到歷史高價624元；而後股價開始下跌，陸續跌破短期均線、月線、季線後都沒有

圖2 從均線完美發散到均線架構遭破壞
以撼訊（6150）日線圖為例

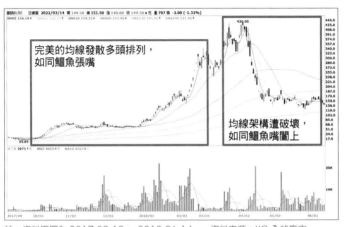

完美的均線發散多頭排列，
如同鱷魚張嘴

均線架構遭破壞，
如同鱷魚嘴闔上

註：資料期間為 2017.09.12 ～ 2018.06.14　　資料來源：XQ 全球贏家

支撐，展開空頭走勢（詳見圖3）。

　　不過，有時候也會遇到均線散亂的情況，如月線、季線沒有方向性，這代表股票可能進入盤整期，這時盡量不要操作這檔股票。原則上，我會建議投資人盡量操作趨勢明顯往上或往下、不容易有模糊地帶的個股，也能避免誤判情勢。

萬一真的碰到糾纏不清的均線，特別是年線走平但又有上揚跡象，此時若想做多，那麼年線角度自然是愈陡愈好。年線的角度陡一點比不陡強，上揚角度比較大代表股票氣勢或強勁度較高。如果投資組合有 10 檔個股，可以比較個股均線上揚的角度如何，用這個標準判斷趨勢跟強弱度，也可以排列 10 檔個股的優先順序。

均線糾結後帶量突破，後續可能將啟動行情

在 2 個低點之間可以往上畫一條趨勢線，多個低點連接後趨勢往上，可以判斷個股趨勢往上。

需要特別留意的是，如果均線排列糾結一段時間之後突

名詞解釋 乖離率

乖離率指的是股價偏離均線的幅度，例如股價 100 元，10 日線為 90 元，那麼股價與 10 日線的乖離率即為 10%（簡易計算方式：（100 元 − 90 元）÷90 元×100% = 10%）。如有看盤軟體如 XQ 全球贏家，可在技術分析線圖上「新增附圖」，點選「乖離率」，即可直接查看當下股價與均線的乖離率。

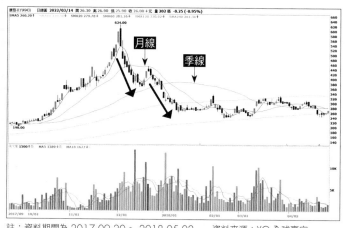

圖3 **股價跌破下滑的季線或月線，走空頭趨勢**
以康控-KY（4943）日線圖為例

註：資料期間為 2017.09.20 ～ 2018.05.02　　資料來源：XQ 全球贏家

然帶量突破，十有八九代表行情正要開始啟動，可以在突破時買進，另一種方式是拉回買進。

　　我比較建議拉回買進，也就是趨勢往上的過程中拉回到月線或 10 日線的位置，都是可以買進的時間點。至於何時該出場？當股價上漲非常多、均線乖離非常大的時候，例如與 10 日線乖離率（詳見名詞解釋）達到 10% 以上，

可以先嘗試出場。

　　均線是反映市場狀態的重要信號,當均線出現發散跡象,代表短期、中期、長期均線彼此間的距離愈來愈大;尤其短期均線走勢陡峭,這時如果處於上漲階段,代表短期成本高於中期、長期成本,獲利籌碼大增,短期可能湧現賣股壓力。

　　如果是下跌階段,代表短期成本低於中期、長期成本,短期可能出現反彈。當多條均線同時出現收斂跡象,代表市場成本趨於一致,有可能變盤。

透過型態「頸線」找買賣點

　　從均線確認趨勢後,再來要判斷股價形成的型態。股價高檔和低檔都有明顯的型態,型態有很多種,其中,較常出現也一定要認得的就是「W底」及「M頭」。

W底型態》股價波段低檔
　　容易出現在股價波段低檔階段,主要由2個低點與1個

高點組成，這是股價連續上漲前形成的圖形。W 底形成時，股價有機會等距擺盪，也就是説，當股價突破 W 底的頸線時，接下來的漲幅有機會達到與「底部到頸線」的相同漲幅。這時還要搭配均線與量能一起觀察，通常突破 W 底需要有帶量突破，成功判斷的機率很高；但如果這時進場買股，獲利空間相對在底部進場小，不過，獲利的機率相對較大。

M頭型態》股價波段高檔

　　容易出現在股價波段高檔階段，是股價將連續下跌前形成的圖形；也就是股價漲到高點後下修，反彈後卻彈不回前波高點，此後股價將一路下跌。一旦 M 頭成型，破壞力很強，通常股價會向下回測，可開始找賣點。

　　頭部的形成需要時間，一旦跌破關鍵價位，股價將走跌。底部的形成則通常需要資金累積，最好底部出現時量縮整理，突破帶量才是好買點。通常 M 頭與 W 底會交互出現，多空輪替，只是時間長短不同。

　　還要注意一個特點：股價從頭部下跌會比從底部上漲快，

下跌時間通常很短，上漲時間通常較慢，這是因為恐慌容易快速引爆，但是貪婪需要時間醞釀。

M 頭或 W 底都可以畫出「頸線」，也就是 M 頭 2 個高點之間的低點所畫出的水平線，或是 W 底 2 個低點之間的高點所畫出的水平線（詳見圖 4），有助於尋找買賣點。

1.突破W底頸線找買點

當股價確認突破 W 底頸線時，W 底型態完成，為重要的轉多訊號，此時也是最佳買點；若股價突破後回測頸線，但跌不破頸線，也就是有頸線為支撐，則是次佳買點。

2.跌破M頭頸線找賣點

當股價跌破頸線時，代表 M 頭型態完成，視為趨勢轉空訊號，此時為最佳賣點；若股價反彈回測頸線，卻始終未能突破頸線，此為次佳賣點。

以 2011 年從歷史高點反轉向下的宏達電（2498）為例，當時股價漲到 1,300 元後反轉向下，M 頭形成，之後季線＞月線＞ 10 日線＞ 5 日線，形成空頭排列，摜破年

圖4 M頭或W底的頸線為多空重要攻防線

M頭型態vs.W底型態

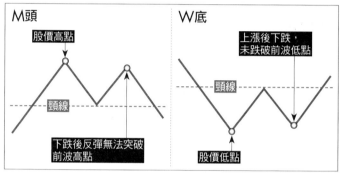

線後持續走跌，大勢已去（詳見圖5）。再以2017年大漲到340元的穩懋（3105）為例，股價從最高點340元下跌到220元，跌破年線及頸線，M頭型態已完成，反轉向下的可能性大幅提高，之後果然一路走跌到86.7元（詳見圖6）。

熟悉4大技術法則，有助判斷趨勢多空

參考技術線型前還可以多了解葛蘭碧8大法則、黃金交

圖5 M頭形成，均線空頭排列且股價摜破年線
以宏達電（2498）日線圖為例

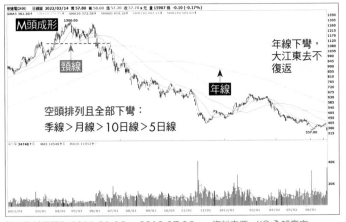

註：資料期間為 2011.01.05 ～ 2012.07.05　　資料來源：XQ 全球贏家

叉、死亡交叉、黃金切割率等常用原理，愈熟悉這些技術法則，對於趨勢多空及買賣進出時點的判斷愈精準，簡單介紹如下：

1.葛蘭碧8大法則

葛蘭碧 8 大法則利用價格與移動平均線的關係，作為買進與賣出訊號的依據，移動平均線代表趨勢方向。當價格

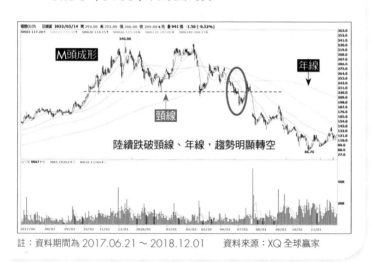

圖6 跌破年線又跌破頸線，M頭確立趨勢走空
以穩懋（3105）日線圖為例

註：資料期間為 2017.06.21 ～ 2018.12.01　　資料來源：XQ 全球贏家

與移動平均線偏離，未來會朝趨勢方向修正，所以偏離成
為買賣訊號。

2.黃金交叉

　　股價持續下跌後，某天突然開始反轉向上，之後短期均
線從下方往上穿過中期均線，這樣的交叉是「黃金交叉」。
黃金交叉是極佳的買進訊號，代表之後股價可能不斷上漲。

3.死亡交叉

　　當股價持續上漲後，某天突然開始反轉向下，之後短期線由上往下穿過中期線，這樣的交叉就是「死亡交叉」。當均線出現死亡交叉，接下來股價可能會不斷下跌，最好先出場。

4.黃金切割率

　　股市中的「黃金切割率」包含 0.191、0.236、0.382、0.5、0.618、0.809 等數值比例，主要用來判斷股價出現漲勢或跌勢時，之後出現回檔或反彈的幅度。

　　簡單來說，當股價跌深後反彈不過 0.382（指該波跌幅的 0.382 倍），再破底的機會非常大，若反彈幅度越過 0.618（指該波跌幅的 0.618 倍），有可能翻轉空頭趨勢；反之，當股價漲多回檔不破 0.382，再創新高的機率會非常大，若回檔超過 0.618，有可能翻轉多頭趨勢。

　　總之，均線的方向決定多頭排列或空頭排列，前述 6 條均線（5 日、10 日、20 日、60 日、120 日、240 日）為主要參考線。當 5 日線上揚時可視為轉強訊號；季線（60

日線）為中波段趨勢線，須站上且往上才是可買進點；年線（240日線）為生命線，決定趨勢方向。只要季線以下空頭排列，幾乎可以確定空頭壓力已形成。

4-3 確認多頭趨勢形成 靜待2個買進訊號

從均線確定了多頭趨勢，看型態也很適合買進，但是到底該在哪一刻下單？有 2 個重要的買進訊號：突破買進、拉回買進（詳見圖 1）。

買進訊號1》突破買進

突破買進包括「突破前波高點」及「突破整理區間」。突破前波高點意思是假如某一檔個股的前波高點是 100 元，當它再次突破 100 元時，就是突破買進的機會。

突破整理區間則是當股價進入平台整理一段時間後上漲，這種盤整結束後突破的個股，可謂厚積而薄發，買進這類股票通常獲利也相對較高。

只是這類股票在出現買進訊號之前的盤整過程較長，短

圖1 突破買進包括突破前波高點、整理區間

突破買進vs.拉回買進

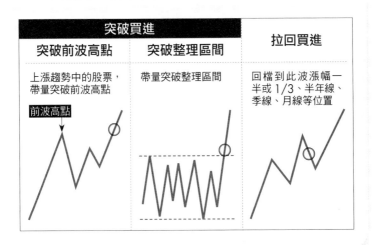

突破買進		拉回買進
突破前波高點	**突破整理區間**	
上漲趨勢中的股票，帶量突破前波高點	帶量突破整理區間	回檔到此波漲幅一半或1/3、半年線、季線、月線等位置

則數月甚至 1 年。

無論是哪種突破，最好是「帶量」往上突破且後續量能遞增，並且持續往上衝，才是「真突破」，表示真的可以買進。

若是往上衝之後撐不到 2 天就熄火了，則是「假突破」。

假設股價突破前波高點 100 元之後，不到 2 天又跌到 100 元以下，甚至跌得更深，通常可以判斷為假突破。

突破買進策略通常適用於某一檔個股基本面等題材已獲市場認同，人氣已聚集，最好同時搭配檢視公司實際的獲利是否有支撐，以免假突破、真拉回。如果公司獲利屬實，在股價突破整理區間時買進或加碼，短期操作會有一定的報酬率，但手腳要快。

買進訊號2》拉回買進

股票市場上常聽到「拉回就是買點」這句話，基本上沒錯，但前提是要選對股票，看對技術指標。怎麼看才對呢？原則是當股價在上漲趨勢當中拉回，且拉回又不跌破均線支撐的時候，會是不錯的買進訊號。

我認為當股價回檔到這一波漲幅的一半或 1/3 時，都是可以考慮買進的時機。也可以觀察均線，例如股價回檔到半年線、季線或月線的位置，不過前提是均線仍然上揚。拉回買進有可能買到相對低成本的股票，這時容易出現短

圖2 **大峽谷-KY股價2017年盤整4個月後噴出**

大峽谷-KY（5281）日線圖

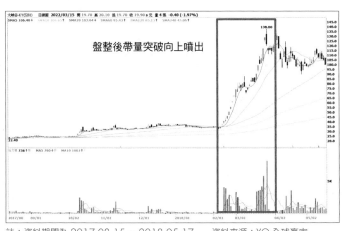

盤整後帶量突破向上噴出

註：資料期間為 2017.08.15 ～ 2018.05.17　　資料來源：XQ 全球贏家

期震盪，適合買進的股票通常較有承受劇烈震盪的能力。

大峽谷 -KY（5281）這檔個股在 2017 年 8 月時股價為 23.7 元，之後經歷約 4 個月的盤整期，終於迎來 2018 年 2 月的買進訊號，起漲後 2 個月股價飆升至 138 元（詳見圖 2）。紘康（6457）的盤整時間長達年餘，2020 年 2 月股價從 28.8 元左右突破盤整起漲後，不到 2 個月的

圖3 紘康蟄伏1年多，突破盤整後股價飆升

紘康（6457）日線圖

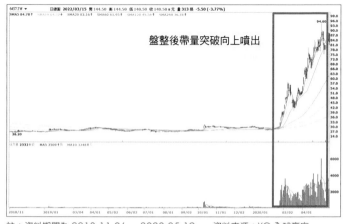

盤整後帶量突破向上噴出

註：資料期間為 2018.11.06 ~ 2020.05.19　　資料來源：XQ 全球贏家

時間飆漲到 94.6 元，爆發力同樣驚人（詳見圖 3）。

觀察量能變化，預防假突破、真拉回

有成功的整理型態，股價在盤整後一飛沖天，也有失敗的整理型態。比方金像電（2368）股價於 2018 年從 10 元左右漲到 17.2 元後，又重挫回先前的整理區間，而後

圖4　金像電股價在2019年出現多次假突破

金像電（2368）日線圖

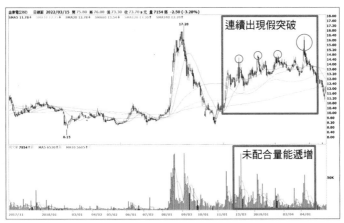

註：資料期間為 2017.11.07 ～ 2019.05.15　　資料來源：XQ 全球贏家

股價反彈，連續出現幾次假突破後又回跌，可以觀察到這
幾次假突破，都沒有配合量能遞增（詳見圖4），之後便
跌破月線、季線、半年線、年線。因此觀察股價突破的股票，
一定要連帶觀察量能變化，才不會貿然買進遭套牢。

那麼，若是股價進入平台整理，突然下跌而且↑帶量，
會不會是撿便宜的好機會？此時一定要留意，回檔時「均

線」是否有支撐,再決定買進與否,可觀察月線(20日線)、季線(60日線)、半年線(120日線),如果股價在均線有支撐,且後續能站穩前波整理平台才可買進(詳見圖5)。

如果你是屬於比較積極型的投資人,建議採突破買進,因為突破前波高點後通常還會有一波漲幅可以追;但如果你是屬於比較保守的投資人,可以選擇拉回買進的策略,可以用較低的成本買進,心情也會比較輕鬆。

使用技術面分析需留意4訣竅

德國股神安德烈·科斯托蘭尼(André Kostolany)提出「主人遛狗理論」,意思是,當主人走路時,一旁的小狗會跑來跑去,有時可能跑得太遠,但最後還是會跑回主人身邊。「主人」代表公司的基本面或實體經濟,「小狗」代表公司股價或大盤。

換句話說,股價再如何漲高跌低,最終仍會回歸基本面。由於我是採取「由上而下」(Top-Down)、「順勢操作」

圖5　**確認有均線支撐且能站穩平台再買進**
平台整理後下跌示意圖

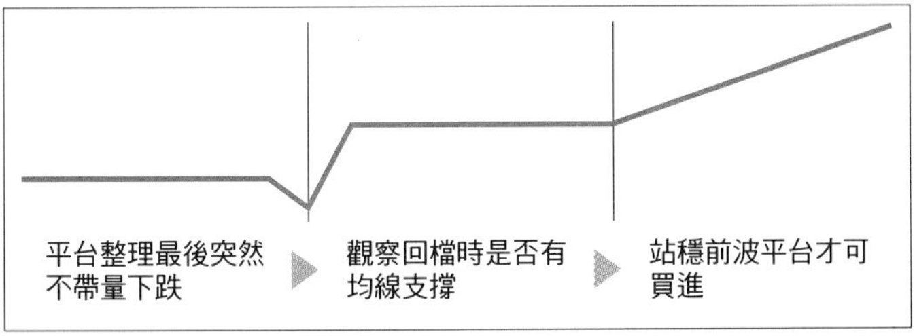

| 平台整理最後突然
不帶量下跌 | ▶ | 觀察回檔時是否有
均線支撐 | ▶ | 站穩前波平台才可
買進 |

的策略，必須在上漲趨勢中趁勢賺錢、在確認跌勢時即時離場。而在準備進場時，趨勢要抓對，並且鎖定主流產業與個股，再來看技術面。首先看均線是多頭排列或空頭排列，目前股價處於突破、回檔還是跌破？面面俱到才能確保成功率。

順勢交易在找買賣點時，技術面工具占有相當重要的地位，然而使用時優先順序很重要，才不會誤判，有幾個訣竅與大家分享：

訣竅1》趨勢→均線→型態→技術指標

判斷指標的先後順序很重要，先判斷趨勢多空→均線→型態→技術指標。最好的多頭表現是年線、半年線、季線、月線、10日線、5日線同步向上，也要觀察量價關係（成交量與股價的關係，詳見4-4）。

如果只是抓對趨勢，雖然獲利機率高，但獲利幅度可能不特別大，所以我一直強調趨勢要搭配線型、型態與技術指標，才能提高勝率及獲利。

訣竅2》氣勢＞量價＞技術面

別忘了要看股票本身的氣勢，也就是往上衝的動能強不強。好比一個人的氣場，有氣勢的人一旦氣場全開，就算身高150公分看來也有180公分的氣勢；反之亦然。我常說選股票要選有「氣勢」的股票就是如此，氣勢＞量價＞技術面，這個訣竅要留意。

訣竅3》個股表現優於大盤，需觀察強勢條件是否足夠

股票表現若能優於大盤，自然比弱於大盤的股票更好。但是要注意，優於大盤的個股一定有相對應的強勢條件，要留意是基本面、題材面、技術面或趨勢面加持，加分選

項愈多愈好。

反之，如果沒有相對應的「條件」可以合理解釋這檔個股表現優於大盤的原因，還是觀望為宜，看不懂的股票，保持距離為上策。

值得留意的是，型態看似好辨識，但未必真的那麼容易，尤其身在盤勢變化中，即便用盡洪荒之力，也不見得可以在短時間內判斷出正確型態。建議搭配成交量、趨勢、技術面判斷更為準確，尤其判斷空方趨勢又比多方更為精準，初學者可以多看線圖、多累積經驗。

訣竅4》漲時看支撐、跌時看壓力，進出才靈活

基本上，股價上漲時要看是否有支撐，股價下跌時要看壓力在哪裡，清楚支撐與壓力才好靈活進出股票。建議平日多看大盤及個股技術圖表，但是也不需要看太多指標，抓幾個重點即可。

以上這些操作原則與觀察指標所有股票適用，但是一般中小型股可能因為籌碼面或其他人為因素，導致投資人「見

山不是山」，所以更需要透過綜合判斷來避免誤判。

　　如果是大型股或權值股，趨勢或各項指標的可靠度極高，不容易人為操作，所以如果想買進大型股或權值股，或是手中投資組合有這類股票，在趨勢沒有反轉前，都不要任意改變方向與操作策略。

4-4 進場別只看股價 應同步參考量價關係

　　股市「老屁股」常説：「新手看價，老手看量。」對於股市新手來說，因為懂得不多，在意漲跌，所以特別關注股價本身；浮沉股市多年的股市老手則會透過觀察成交量與股價的關係，看清盤勢。

　　我的經驗是，如果太注重價格變化，很容易受股價波動而陷入追高殺低的惡性循環，雖然説「數字會説話」，但股市的數字不能如此簡單粗暴地解讀，而需要如剝洋蔥般一層一層梳理歸納再整合。

成交量為股市交易熱絡與否的關鍵指標

　　成交量是市場「買股票」及「賣股票」的總和，透過觀察成交量與價格的關係，可以看出交投熱絡程度。最簡單的觀察點就是，在多頭市場中，當股價陷入低檔時，代表

多數投資人採取觀望態度，或者不看好個股表現而選擇不出手，這時自然因為缺乏買盤導致成交量無法放大；當股價上漲時，代表有投資人關注或看好，買盤進場才能推升股價，成交量自然會跟著放大。

俗話說：「人是鐵、飯是鋼，人是英雄、錢是膽。」成交量就是股市的膽，也就是所謂的動能。成交量愈大的股票代表流通性愈高，交易熱絡才會吸引更多資金湧入，股價才會出現較大的動能。

成交量除了是市場交易熱絡與否的關鍵指標外，也是判斷市場趨勢方向及轉折的重要觀察指標。出現大成交量後，股價也越過之前的套牢區，代表之前的套牢者得到換手，由壓力轉支撐，有利趨勢向上；而新低量必有新低價，要隨時留意盤中成交量的變化。而且要注意，跌勢中爆量不一定能止跌，還要搭配第 2 天的走勢交叉確認。

看懂6種常見量價關係，辨別行情真假

量價關係是一種供需關係，同時觀察價量變化，可以釐

清行情真假，比方股價究竟是真突破還是假突破，從成交量的變化看股價更容易判斷趨勢漲跌。

當股價走勢與成交量走勢相同時，稱為量價配合；反之，若股價走勢與成交量走勢相悖離，稱為量價背離。

量價配合有 2 種情況：一種是股價上漲，成交量跟著增加；另一種是股價下跌，成交量跟著萎縮。量價背離也分為 2 種情況：一種是股價上漲，成交量卻反而減少；另一種是股價下跌，成交量反而增加。

如果量價背離出現在高檔區，股價下跌的機率很高，但如果出現在低檔區，股價跌深反彈的機率很高。所以我們可以從量價關係判斷趨勢，再決定操作策略。

量價關係組合可分為 9 種，其中有 6 種較常見，一般投資人也比較容易分辨：

1.價漲量增：行情初期最樂見，但高檔爆量要當心

這是最佳的量價關係。具有飆股漲相的黑馬，在行情開

始之初，成交量會明顯放大，代表有買盤資金挹注，股價往上推升，有動能加持自然水到渠成。如果時間往回推一點，飆股發動前多半有一段蟄伏期，這段時期通常不會有量，股價如如不動。

當量增火花出現，代表股價開始從低檔往上爬；若是股價能創新高，突破箱型整理直奔漲停，量價完美配合，將正式揭開飆股波段行情。不過，當股價上漲至相對高檔時，成交量若在此時大增，反而要特別小心，可能是出場訊號。因為爆量可能代表股價波段行情高點已至，之前低檔買進股票的投資人，很可能下車獲利了結，隨後股價可能反轉向下。

2.價漲量縮：出現在高檔，要小心趨勢翻轉

股價上漲但成交量不足或萎縮，代表攻堅火力不足，股價可能只是曇花一現的反彈而已。如果這種狀況出現在高檔區，代表追價意願不足，量價背離，隨後很容易出現股價下跌，留下一根長長的上影線，趨勢可能翻轉。

這種情況也可能代表籌碼被鎖定，如果沒有出場的打算，

可以稍加觀察後續股價是否持續上揚,再決定操作策略。

3.價跌量增:跌一段時間後出現大量且止跌,有可能反彈

價跌量增也是量價背離的一種,如果在股價下跌初期出現成交量增加,代表賣壓沉重,股價可能繼續走跌;如果股價下跌一段時間後出現大量,而且股價沒有繼續走跌,可能代表有買盤進場,趨勢可能反轉向上,或者橫盤整理,可能迎來反彈行情。

股價下跌過程中持續量增,往往是搶短的投資人進場,此時不該貿然做多,最好等待量能萎縮後再進場做多;若是做空,股價在量縮之後數日不跌,應該留意回補點。

4.價跌量縮:多頭回檔時出現恐是主力洗盤

多頭走勢下,股價出現回檔修正而成交量減少,可能是主力在洗盤,建議持續觀望;一旦觀察到量縮至一定程度,之後出現明顯成交量時,股價容易反彈上揚。

5.價平量縮:低檔區出現代表行情穩定,高檔區出現則要留意

　　當股價表現平平而成交量卻不斷萎縮，這種狀況多半以橫盤形式出現；如果出現在跌深的低檔盤整區間，反而是價穩量縮的表現，代表出現買盤訊號，一旦有大單敲進及成交量放大，股價可能展開一波新的漲勢。

　　不過，如果價平量縮出現在高檔區，可能代表有投資人在高檔賣股，之後如果沒有明顯的買盤接手，股價很可能反轉向下。如果這時無法準確判斷盤勢，觀望為宜。

6.價平量增：可能有買盤低調進場，若逐漸放量有望迎來行情

　　當股價在整理區間出現成交量增加，但股價卻漲不動，有可能是投資人低調買進個股，但不想馬上點火吹起攻堅號角，這時不妨等一等，如果逐漸放量代表行情即將啟動。

　　萬一價平量增出現在漲勢後期，代表買盤接手力道不足，只要股價無法對抗賣壓，就可能反轉向下。

　　基本上，量能表現多半是股價上漲時量增，下跌時量縮，股價上漲一定需要量，但是下跌並不需要量。需要留意的

是，如果股價在關鍵價位遭到破壞而且帶量，是強烈的轉空訊號。

還有幾個觀察點可以留意：

1. 波段攻擊要連續有量，而且大量後還會出現大量。
2. 下跌狀態下的量價往往是爆量強彈，量縮築底，突然量縮或爆量都會形成一個關鍵價位。
3. 如果觀察到收盤價比前一天低，但成交量放大，很可能是出貨量。

窒息量、凹洞量為股價落底訊號

股價下跌之後，都會吸引部分投資人進場「摸底」，期望等到反彈上漲的行情。由於我的策略是順勢操作，一般不會摸底，但我會觀察行情是否已經落底，等待接下來的反彈行情。

要用成交量搭配判斷股價何時落底，可以觀察 2 個訊號：「窒息量」、「凹洞量」。

1.窒息量

窒息量是指量能只有近期最大成交量的 10%，這個量能意味著買賣雙方同時縮手觀望，以至於量能快速萎縮。窒息量通常容易出現在空方無力再殺的盤勢，當價格跳空後伴隨窒息量出現，距離底部不遠。

2.凹洞量

凹洞量不是跟最大成交量相比，而是跟前後交易日成交量相比呈現量能萎縮，形成「凹洞」。凹洞量出現意味著市場從谷底走向復甦，之後股價可能大漲。

例如台積電（2330）在 2021 年 11 月 30 日曾經有過單日 6 萬張以上的量能，不過，在經歷回檔修正後，陸續出現單日僅有 1 萬張的成交量（詳見圖1），且股價未見跌破，顯見獲得支撐，此時，反而是買進布局的好時機。

提醒投資人，不要買股價過低或成交量過低的股票，因為風險高、漲不動甚至沒有行情，千萬不要因為「便宜」而隨便掃貨。我買股票做多時，從不買股價太低或太容易買到的股票，而且一定是在股價逐步上揚的過程中買進，

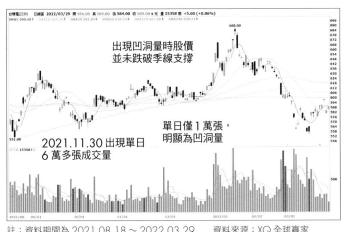

圖1 台積電於2021年12月曾出現凹洞量
台積電（2330）日線圖

出現凹洞量時股價
並未跌破季線支撐

2021.11.30 出現單日
6 萬多張成交量

單日僅1萬張，
明顯為凹洞量

註：資料期間為 2021.08.18 ～ 2022.03.29　資料來源：XQ 全球贏家

而不是股價持續下跌途中向下承接；反之，如果因為看壞
一檔股票而賣出時，每次賣出的價格一定要比前一次低，
這是我一貫的操作思維。

量先價行，預測未來股價走勢先看成交量

所謂的「量先價行」是以成交量領先股價為基礎，預測

未來股價走勢。一般來説，如果量真的愈來愈大，表示股價還會往上衝。通常個股在股價高點時，量能絕對不是最大，最大量能可能出現在左肩的位置，也就是股價出現一個肩之後再出現一個頭，但是頭部通常成交量不會那麼大。

所以，如果看到股價創新高後成交量沒有增加，就是高檔背離的訊號，最好的狀況是，股價愈高或創新高，量能也要同步放大。如果發現股價走高甚至創新高，但量能明顯沒有跟上甚至量縮，代表量能後繼無力，追價買盤不捧場，股價很可能會拉回。

反過來説，如果股價下跌過程中量能暴增，可能是底部訊號，操作過程中要仔細推敲量能有沒有失控，有沒有量價背離的情況。

回檔、量縮、止跌、拉紅 K 都可視為買進訊號或停損點。股市大戶或作手有既定的交易慣性，觀察近期股價模式可以判斷多久回檔可能結束。股票還是要有人買才會漲，而大戶或作手的交易慣性會在技術面上留下痕跡，因此，觀察個股的價、量特性是有意義的，這些觀察結果非常重要，

務必多加留意。

觀察周轉率、融資融券餘額，研判股市整體動能

最後，還可以搭配周轉率、融資融券餘額，來搭配研判目前股市整體動能：

周轉率》股市日周轉率超過10％可能是市場過熱訊號

周轉率也被稱為「換手率」，是指一定時期的股票交易額占可交易股票總額的比率，反映股票交易活躍程度，以及股票交易的相對流量。

以台股來說，股本 1 億元代表 1 萬張股票，用股本即可推算這家公司一共有多少張股票，因此以「當日成交量／股票張數」，就可得出周轉率。

一檔股票的股票周轉率突然上升，成交量放大，可能意味著有投資人在大量買進，股價可能隨之上揚。若股價持續上漲一段時間後，周轉率又迅速上升，可能意味者部分獲利者出場，這時股價可能會下跌。如果要找低點買股，

應該趁周轉率低時進場。

　此外，單一交易日的周轉率超過 10% 可視為過熱，需要
提防盤勢出現轉折。周轉率較高的股票往往也是短線資金
追逐的對象，投機性較強，但是換個角度看，有相對高的
周轉率，才可能有更高的機率出現較大的行情。近年來，
因為現股當沖熱潮湧現，這個指標的重要性下降不少。

融資融券餘額》判斷大盤或個股的持股穩定度

　融資餘額、融券餘額代表散戶的進場情況，用來判斷大
盤或個股的持股穩定度。「資比券多」表示看多這檔股票
的投資人多；反之，「券比資多」代表看空這檔股票的投
資人多。

　「券資比」是融券餘額除以融資餘額的比率，可用來
研判個股融券是否過高（一般而言，券資比超過 30% ～
40% 就算是過高），有無軋空行情。不過，券資比達到大
約 70%，放空就會有所收斂，使軋空行情陷入瓶頸。當券
資比的比率過低時，代表許多籌碼已流向散戶，持股穩定
度堪慮（查詢個股融資融券餘額、券資比詳見圖解教學）。

圖解教學　查詢個股融資融券餘額、券資比

STEP 1

各大股市資訊網站或證券公司網站的個股資訊網頁，都能查得到個股融資融券、券資比等資訊，以元大證券網站為例（www.yuanta.com.tw/eyuanta），進入首頁後輸入欲查詢個股名稱或代號，此處以穩懋為例，輸入代碼❶「3105」，並點選❷搜尋符號。

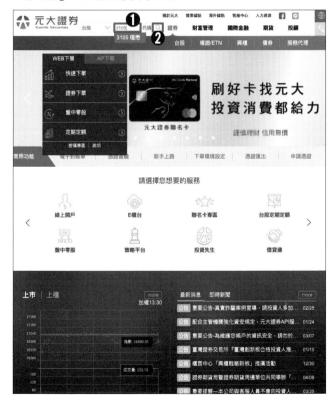

接續下頁

STEP 2 接著,點選❶「籌碼分析」、❷「融資融券」,即可看到❸
穩懋近期融資融券走勢圖與明細。

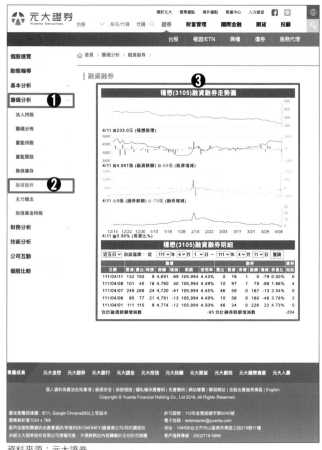

資料來源:元大證券

4-5 從籌碼面觀察買賣力道 跟著法人步調賺波段獲利

　　股市操作有太多眉角，不能只看買賣價，除了掌握基本面與技術面，籌碼面狀況也要即時掌握。前面提到，「新手看價，老手看量。」那麼高手呢？高手看籌碼！

　　我們先來看看股市中，有 3 個主流分析方法：

　　1. 基本面分析： 主要分析一家公司的體質，從財務報表、經營管理及產業發展趨勢等面向綜合評估一家企業的價值，比方資產負債表、損益表、現金流量表等財報報表。

　　投資人可以從企業公布的毛利率、營業利益率、每股盈餘（EPS）、股東權益報酬率（ROE）、本益比（PE）等數據觀察企業實際的獲利能力與未來成長性，適合作為長線操作的參考依據，喜歡價值投資或存股的投資人最重視基本面分析。

2. 技術面分析：主要觀察線型圖表，這些線型圖表主要來自於過去已發生的市場行情與股價表現，所謂鑑往知來，歷史會重演，透過各種股價走勢圖抓出原理原則、統計數據或規律，可以作為預測未來趨勢的依據。從各種技術線型中推斷進出場時點、股價走勢及多空轉折，也許正確率不是 100%，但具有一定的參考價值。

常用的技術分析指標包含前面提到的均線、技術型態、量價關係，還有投資人常用的技術指標，如 KD、MACD、RSI 等。4-6 我會說明常用技術指標的代表意義與判讀方法。但是要留意，中小型股票因為籌碼流通不若大型股，容易受主力或大戶作手人為操控，既然是做出來的線，可信度值得商榷。

3. 籌碼面分析：籌碼面分析是藉由分析市場流通籌碼的狀況，推測股價未來可能的變化。籌碼也就是公司股票的發行張數，或者可以想像成一本書的發行量、一件商品的產量。站在「物以稀為貴」的立場，數量愈少，購買或收藏價值愈高。如果公司體質與獲利狀況佳，有買股意願的投資人當然多，若股票發行張數有限，供過於求，自然容

易推升股價上漲；反之亦然。

簡單來說，股票「流通量」就是所謂的「籌碼」。一般公司發行流通的股票數量是固定的，除非增資或減資，否則籌碼固定。

股票市場的籌碼主要由公司董監事、主力大戶、三大法人（外資、投信、自營商）及散戶掌握，個股籌碼愈少，成為飆股的潛力愈高，當有其他分析面向的「好消息」加持，股價上漲機率更高。如果籌碼集中在少數人手中，籌碼相對安定，代表惜售，股價易漲難跌；反之，籌碼分散在多數人手裡，漲跌變數相對較大，通常易跌難漲。

從公司股東持股人數變化、董監持股、法人買賣超、主力買賣超、融資融券餘額、大戶持股比率、散戶持股比率等，可以看出籌碼變化，也可以看出眾多持有者對股票未來的看法。

所以，想挑出容易上漲的飆股或主流股，可以先找出市場上籌碼流通較少的個股，或者尋找被大量買進的個股；

接下來，從中判斷籌碼流向，確定籌碼掌握者之後，掌握不同持有者的操作習慣與動向，判斷後續發展，然後決定應該進場、出場或觀望。

接下來，我會說明三大法人、大股東、散戶與籌碼面的關係，以及籌碼在誰的手上將如何影響個股及盤勢。先來說說三大法人——外資、投信與自營商。一般來說，三大法人資金點火買進的個股上漲機率大；反之則下跌機率大。如果三大法人當日買超大於賣超，代表法人看好盤勢或個股；反之則不看好。

外資》資金雄厚，連續買賣超多會影響個股股價

外資是影響台股盤勢很重要的「中流砥柱」，成交量在三大法人當中最高，資金最雄厚，操作習慣連續大買、只進不出，或者連續大賣，只出不進，因此外資的動向也經常影響台股大盤漲跌。

因為資金量龐大，所以外資買進的多為大型權值股，不碰小型股。選股策略側重基本面，多會根據嚴謹的公司體

圖1 外資動向對股價走勢有明顯的影響力
以友達（2409）日線圖為例

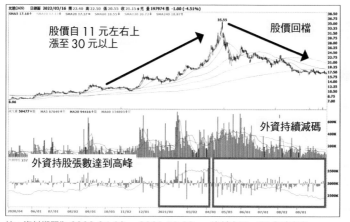

註：資料期間為 2020.04.22 ～ 2021.10.22　　資料來源：XQ 全球贏家

質、獲利及產業結構評估公司及股價的未來發展性。操作
習慣上，以長期投資、長線布局或波段操作為主，很難看
到外資搶短或當沖，所以跟著外資選股，有很高的機率可
以買到上漲潛力股；如果持股時間久一些，一個波段操作
即有相對豐厚的獲利。

　　以友達（2409）為例（詳見圖1），2020 年 10 月之

前股價大約在 11 元以下，11 月之後外資持股張數明顯增多，從 270 萬張左右持續上升到 2021 年 4 月的 360 萬張左右，友達股價也上漲到 30 元以上。

　當股價最高漲到 35.55 元時，可以看到外資持股已經漸漸下降，接著自高點回檔的過程中，外資也持續減碼，波段操作結束，獲利了結。

　外資青睞大型權值股，又以台股市值最高的台積電（2330）為代表。台積電是全球晶圓代工龍頭，競爭力、獲利表現都是外資眼中標準的「資優生」，自然是外資的台股投資組合首選標的。台積電發行的股票有高達 73% 都掌握在外資手中，這使得外資持股變化與台積電股價漲跌方向相當一致（詳見圖 2）。

　從 2014 年至 2018 年間，外資持股買多賣少，不難看出外資對於推升台積電股價上漲功不可沒。對照台積電 2014 年至 2021 年的稅後淨利表現，每一年都是獲利，且獲利呈上升趨勢（詳見圖 3），非常對外資以基本面選優質股的胃口。

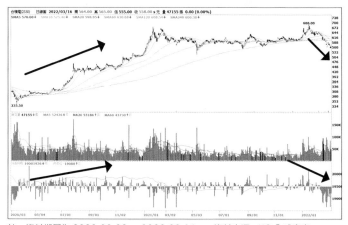

圖2　台積電股價走勢與外資買賣超趨勢一致
台積電（2330）日線圖

註：資料期間為 2020.03.09 ～ 2022.03.16　　資料來源：XQ 全球贏家

　　除了現股，外資也會將資金配置在期貨、選擇權、權證、外匯等衍生性金融商品，尤其中短線操作及避險時會以期貨為主。

投信》操作靈活，多青睞中小型股

　　投信指的是國內的投資信託公司，也就是所謂的基金公

司。投信的資金占台股交易比重比外資小，選股時同樣側重基本面分析。

投信基金由基金經理人操盤，獲利來源是基金手續費及管理費，也因為有績效壓力，投信操盤習慣中短線波段操作，選股標的以具有潛力的中小型股為主。主要因為中小型股容易受成交量影響，短時間內可以透過鎖定籌碼及交易量的方式影響股價漲跌，靠交易量飆升而影響股價。觀察投信籌碼時可留意幾個重點：

重點1》發現投信持有單一個股比重近10%，暫不跟進

由於單一基金對單一個股的持股最多占基金持股上限的10%，如果發現某一檔個股的投信持股比重逼近 10%，還是暫且打消跟進的打算。因為投信後面無法持續買進個股或推升股價，就算投資人搶買同一檔個股，也沒有多少獲利空間，甚至可能投信反手賣股，投資人買進正好套牢，只能苦等下個換手機會。

不過，不論投信如何青睞個股，最後的結果還是獲利了結，所以如果想跟著投信買股，要留意投信何時反手賣股，

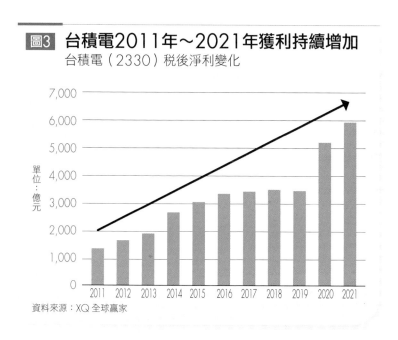

圖3 台積電2011年～2021年獲利持續增加
台積電（2330）稅後淨利變化

資料來源：XQ 全球贏家

以免抱對大腿還是沒有賺到錢。

重點2》留意投信季底作帳行情

要留意投信「季底作帳」，投信績效壓力大，而且每季季底、半年底及年底幾個時間點都會結算績效，為了美化績效，結算前都會努力讓手中的股票賺錢，也就是所謂的作帳行情。因此，投資人也可以跟著投信買股搭一波順風

車,但切記手腳要快。

重點3》投信與外資方向不一致時,優先參考外資動態

有時可能出現大哥(外資)、二哥(投信)與三哥(自營商)看法不一或動作不一致,以至於出現大哥買、二哥和三哥賣,或大哥賣、二哥和三哥買的對做狀況。這時候,投資人反而無所適從,不知該跟誰進出。

所以,跟著法人選股操作時還是要連帶留意其他法人的動向。原則上,互相牴觸時,仍是優先參考外資動態為主。

自營商》多為短線進出,參考性較低

自營商是證券公司的投資部門,是券商自己操盤幫公司賺錢,在三大法人中資金占比最小。因為追求絕對報酬與快速獲利,多以技術分析為主,多半短線進出,大中小型股都可能在投資組合中,但是買賣超個股股價波動都很大,甚至不容易梳理出原理原則。有時自營商為了避險也可能買股,所以我不建議投資人跟著自營商進出,甚至應該避開自營商選股。

　　提醒投資人，除了三大法人買賣超與個股清單，大股東心態也可能左右股價表現。因為大股東最了解公司狀況，如果他們公布要買庫藏股，不要只聽表面說詞，而是要看大股東的持股比率多寡。大股東必須固定申報，如果大股東說看好自家公司表現，私底下卻是大舉申讓持股，股價未來是否有表現，投資人可以持保留態度多做觀察。

　　籌碼變化還可以觀察股東人數多寡，比方航運類股的長榮（2603）、萬海（2615）、陽明（2609）等公司的股東人數如果增加非常多，表示「散戶來了」；當籌碼主要掌控在散戶手中，代表相對不穩定，真要拉抬股價，資金動能恐怕無法與法人資金挹注相比，不見得能帶動行情。

　　另外就是資券變化，如果個股的融資餘額不高或增加幅度不大，代表法人買得少，沒有法人加持的個股，股價表現有限，這些都可以用來檢視籌碼面狀況。

正確運用技術指標
學會判斷多空轉折

4-6

前面幾節談到技術面的觀察重點，如果按照我的建議從基本面與產業面篩選強勢股，再搭配技術指標驗證，選對飆股的機率一定高很多，或者反過來説，起碼不會選到錯誤的標的。在選股之前，除了觀察基本面、籌碼面，進一步印證個股實力與預測走勢的就是技術指標，搭配前面提到的幾個型態學分析，只要挑選的標的在這幾個面向上的綜合評分愈高，就愈可能是「會賺錢的金雞母」。

坊間的技術面研究書籍相當多，我把焦點放在幾個重要技術指標，如 K 線、KD、RSI、MACD 等。K 線是代表股價（指數）4 個價位：開盤價、收盤價、最高價與最低價，反映市場多空力道的消長。

除了 K 線，常用的技術指標則包含均線、KD、RSI、MACD 等。4-2 已經提到均線的特性與判斷方式，這裡來

談 KD、RSI、MACD 與背離，這幾個技術指標也是我最看重的，可判斷個股處於相對強勢或弱勢。

通常我會觀察 KD、RSI 與 MACD 判斷個股強弱，也會搭配「量價背離」與「指標背離」來輔助或強化判斷結果。

KD》留意高檔鈍化與指標背離

KD 指標是 K 值跟 D 值所組成的 2 條線圖，又稱隨機指標（Stochastic Oscillator）。K 值為快速平均值，D 值為慢速平均值，如果 K 值 > D 值，代表行情看漲；如果 K 值 < D 值，代表行情看跌，適合做空或出場觀望。簡單來說，KD 數值愈高代表個股收盤價接近近日最高價；反之，代表個股收盤價接近近日最低價。

如果 KD 值 > 80 高檔鈍化，代表股價表現強勢，後續上漲機率高；KD 值 < 20 低檔鈍化，代表股價表現處於弱勢，而且後續下跌機率高。當 K 值由下而上穿越 D 值稱為「黃金交叉」，代表行情看漲；K 值由上而下穿越 D 值稱為「死亡交叉」，代表行情看跌。

高檔持續鈍化可能噴出，低檔持續鈍化可能反轉

一般 KD 值高檔進入 80、低檔進入 20 被視為危險訊號，但我反而要提醒投資人多觀察一個現象，那就是如果指標高檔一直鈍化，維持在 80 以上，有時候可能迎來噴出段；指標低檔一直鈍化或往下挫底，可能要留意股價是否出現反轉變化。

KD指標背離，通常是股價反轉訊號

事實上，我認為更好用的觀察指標是「背離」，包含量價背離與指標背離。比方 KD 值來到 80，股價創新高，可是 KD 卻出現下降走勢、未續創新高（詳見圖 1），這就是指標背離。

通常，指標背離訊號出現，多半代表股價可能拉回或進入整理，一定要多留意。

這裡也再複習一次「量價背離」，亦即股價創新高但成交量沒有同步放大。比方某檔個股前波創新高後拉回整理，這一波上漲時股價突破前波高點，但是量能與之前的高點相比明顯減少，這個量價背離訊號可能是短線上的轉折點，

圖1 股價創新高但KD值往下走，即指標背離

以台勝科（3532）日線圖為例

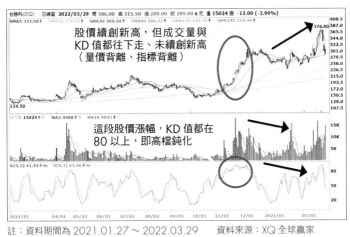

股價續創新高，但成交量與
KD值都往下走、未續創新高
（量價背離、指標背離）

這段股價漲幅，KD值都在
80以上，即高檔鈍化

註：資料期間為 2021.01.27 ～ 2022.03.29　　資料來源：XQ 全球贏家

投資人要提防股價很可能開始回跌。

RSI》黃金交叉可視為買進訊號

　RSI 用來判斷股票強弱，是根據某段時間內股價的平均漲
幅與平均跌幅所計算出來的數值，甚至可以用來進一步推
測未來股價的漲跌趨勢。RSI 範圍在 0 ～ 100 之間，RSI

值愈高代表市場愈熱；反之代表市場愈冷。

　　RSI 又被稱為「逆勢指標」，通常 RSI 值 > 80，代表股價處於高檔而且市場過熱，之後可能反轉下跌；RSI 值 < 20，代表股價已跌至低檔而且市場過冷，之後股價可能反轉向上。

　　我們同樣可以透過 RSI 值判斷買進與賣出訊號。當短週期 RSI 向上突破長週期 RSI 稱為「黃金交叉」，代表上漲力道強勁，可視為買進訊號；當短週期 RSI 向下跌破長週期 RSI 稱為「死亡交叉」，代表下跌力道強勁，視為賣出訊號（詳見圖 2）。

MACD》適合用來確認波段漲幅

　　MACD 就是指數平滑異同移動平均線（Moving Average Convergence ／ Divergence），代表長期與短期移動平均線收斂或發散狀態，適合用來確定波段漲幅，找到買賣點。基本上，MACD 是由「快線」DIF 與「慢線」MACD 所組成；慢線 MACD 代表大勢，快線 DIF 代表趨

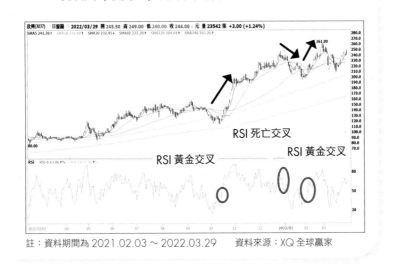

圖2 短週期RSI向上突破長週期RSI為黃金交叉

以欣興（3037）日線圖為例

RSI 死亡交叉

RSI 黃金交叉

RSI 黃金交叉

註：資料期間為 2021.02.03 ～ 2022.03.29　　資料來源：XQ 全球贏家

勢變化。當快線 DIF 向上突破慢線 MACD，視為買進訊號（詳見圖 3）；當快線 DIF 向下跌破慢線 MACD，視為賣出訊號。

　　也有人使用「柱線」判斷買賣點，柱線＝DIF（快線）－MACD（慢線），當柱線由負轉正，視為買訊；柱線由正轉負，視為賣訊。柱線在零上為多方，在零下為空方。

圖3 快線DIF向上突破慢線MACD視為買訊

以長榮（2603）日線圖為例

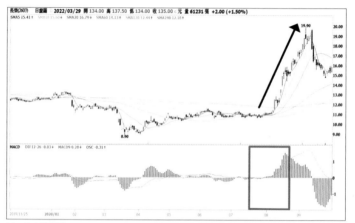

註：資料期間為 2019.11.25 ～ 2020.09.30　　資料來源：XQ 全球贏家

綜合運用》碎形K線＋MACD＋柱線

此外，也可以透過「碎形 K 線」與 MACD、柱線，搭配尋找買點或設停損點。碎形 K 線其實跟波浪理論的「波」是一樣的意思，至少要有 5 根 K 棒形成一個高峰或低峰。「向上碎形」為一個明顯上升的小波（詳見圖 4-❶），若之後股價突破此波的向上碎形高峰則有機會再創高價。也

圖4 向上碎形最高價若被突破，可能續漲
向上碎形vs.向下碎形

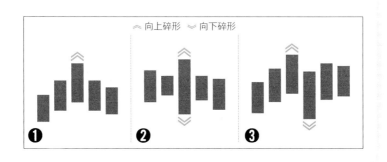

有可能在一個小波裡同時出現「向上碎形」與「向下碎形」
（詳見圖4-❷❸），若之後股價突破此波的向上碎形高峰
則有機會再創高價；反之，若之後股價跌破此波的向下碎
形低峰，則有可能續跌。

當股價進入多頭市場，可以觀察到K線會一波比一波高，
當股價突破上一個「向上碎形」時，就是一種追價的買進
策略；反之，空頭市場時，K線也會一波比一波低，股價
若從高峰回跌，且跌破上一個「向下碎形」的低峰時，會
是賣出的恰當時機。

圖5 向上碎形可視為追價的買進策略
以智易（3596）日線圖為例

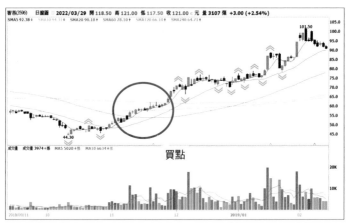

買點

註：資料期間為 2018.09.11 ～ 2019.02.22　　資料來源：XQ 全球贏家

　　以智易（3596）為例，2018 年 10 月中旬形成了向上碎形，而後 11 月股價上漲突破向上碎形，適合追價買進；而後 12 月到 2019 年 1 月持續上漲，亦可持續從向上碎形中尋找買點（詳見圖 5）。

　　也可以將碎形與 MACD、柱線混合運用找尋買點或停損點。以創意（3443）這檔個股為例，20 日線趨勢偏多，

圖6 用K線碎形、MACD、柱線找買賣點
以創意（3443）日線圖為例

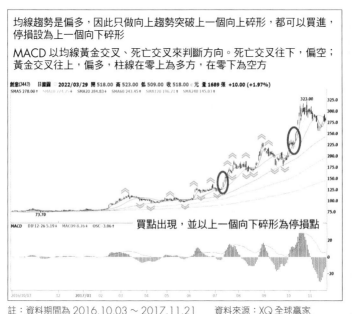

註：資料期間為 2016.10.03 ～ 2017.11.21　　資料來源：XQ 全球贏家

因此只做向上趨勢，突破上一個向上碎形可以買進（詳見圖6），停損點則設在上一個向下碎形；MACD 以均線黃金交叉、死亡交叉來判斷方向，如為死亡交叉往下偏空，黃金交叉往上偏多，柱線在零上為多方，在零下為空方。

提醒投資人，雖然投資標的在台股，但台股與台指期連動性大，不只外資法人，很多大股東、主力大戶、散戶投資人都會透過台指期避險，或者兩邊賺價差，因此台指期的走勢也要稍微留意一下，尤其是外資結算價與倉量。

外資持股部位高，對於台股資金動能影響大，因此外資操作台指期出現拉高或拉低結算，反映外資對行情的多空看法。期交所都會公布外資的未平倉合約，可以觀察是淨空單或是淨多單，來判斷外資的動作。

留倉量水位高低同樣反映外資對後市的看法，一般來說，未平倉合約量愈大，通常 2 萬口以上，就是一個大量。這些都是操作股市的風向球，可以納入觀察，多上一道保險。

補充知識：綜合運用技術指標找買點

1. 均線最好多頭排列，5 日線穿過 13 日線。
2. 均量最好呈現量增，5 日量穿越 13 日量。
3. KD 值達 50 以上，且呈現黃金交叉。
4. MACD 值最好在零軸以上，而且最好是黃金交叉。

第5章

擬定實戰策略
強化操作技巧

5-1 挑對「主流股」 順應行情讓獲利起飛

　　前面提到許多與選股有關的基本面、產業面，以及搭配技術面選股的原理原則，這些都是導引投資人找到主流股或飆股的不二法門。企業應聘人才要有「識人」的能力才能幫助企業成長，股市操作則是要有「選股」的能力才能保障獲利，幫助自己的財富成長。

留意盤面主流、股價創波段新高的族群

　　選股不像大家想得那麼難，第一當然要挑主流股。判斷方式很簡單，首先，要留意「同類股」是不是都在漲？以2021年紅透半邊天的航運類股來說，如果連貨櫃股都在漲，航運族群完全是雞犬升天，這些類股就是主流股，而且法人都有持股，漲幅可期。

　　如果選對主流股，你要做的是在主流股眉飛色舞的時候

跟好隊伍，好比參加媽祖遶境，跟著隊伍順著鞭炮走就對了！在股票市場中，一段時間就會有主流股出現，建議在這段時間內鎖定主流股操作就好，其他股票為插花性質；比方發現主流股是二極體、車用電子類股，就跟著做。通常主流股的波段漲幅都會有 5 成到 1 倍，最少也會有 3 成，也可能會有超出預期的漲幅，像是長榮（2603）的股價從 2020 年的 8 元左右，最高漲到 2021 年的 233 元，漲幅高達 28 倍。

要找到主流股不太難，只是要不要進場、何時進場的問題，而且通常預估漲 5 成的股票很有可能會漲到 1 倍，漲 1 倍的股票也有可能再漲 1 倍，這就是股市美妙的地方，所以一定要鎖定主流股。當然，就算是主流股，也不能在它漲多了之後才去追，該停損、停利時也不要猶豫。

如果沒有太多時間研究或看盤，可以看三大法人這段時間都在買什麼，買進標的當中，很可能有波段強勢股。

還有一個觀察重點是，每一檔股票有自己的股價位階，比方這檔股票處於歷史新高或歷史新低，都有不同的意義。

一家公司的股票可以創新高價，代表體質不一樣了；特別是同一個族群都創歷史新高，代表這個族群絕對是極好的強勢族群，這個族群的業績或產業面都會出現明顯變化。

投資人可以留意短期波段創新高的股票，如創 3 個月或 1 季、1 年新高的股票，股價創歷史新高的股票都可以留意。股價釋放訊息後，再去挖掘它背後的故事，然後繼續跟隨它。

在股票投資中，有時候我們要做的不光是判斷市場，而是要聽聽這個市場在告訴我們什麼，然後跟隨故事代表的趨勢操作股票，這樣才更有機會賺到錢。

順著風的方向走，才能比較快到達目的地，所以我不建議投資人逆勢而為，也不建議投資人花大時間或費大力氣試圖「領先市場」發掘趨勢，這是滿難的一件事。

如果你的產業研究技巧很好，可以領先抓到轉折點當然很厲害，但是對一般散戶或投資人來說，更適合做的事是「跟隨」這個趨勢。如果初升段來不及參與，主升段絕對

可以掌握到，只要多參與幾次主升段就可以賺大錢。要知道，唯有主流股、股價創波段新高或創新高，才會有主升段行情，再搭配技術指標，以及法人進出交叉比對，選對股不難。

範例1》欣興：波段操作獲利70%～80%

操作股市幾十年，除了早期沒貫徹停損紀律時投資的精業跟網路股，讓我的資金從 200 萬元縮水到 60 萬元，多年來都沒有再發生過「慘案」。而後我採取順勢操作的主流股投資策略，整體來說賺多賠少，不論大盤好壞，每年至少有 1 成的獲利，大盤行情好的時候獲利尤其豐厚，像是 2021 年台股站上 1 萬 8,000 點，年度獲利甚至超過 1 倍！

除了長榮這檔飆股讓我在 2021 年大賺，當時我也在欣興（3037）這檔個股中賺到波段行情（詳見圖1）。2020 年下半年時，我觀察到欣興這家公司，與台積電（2330）合作生產封裝產品，營收有增加趨勢，財報毛利率也在增加，顯見是一檔會爆發的股票，股價線型架構也

呈多頭走勢，上漲可能性極高。我的判斷是，既然景氣、技術線型、個股營收、題材等條件都已具備，贏面相當大，所以放心進場，在 2020 年 11 月股價 70 元至 80 元之間買進。

買進之後，我採取來回操作，透過均線找出場點，高點回 10% 我也會出場；後來，評估這檔個股後市仍佳，所以保留一半持股，出脫一半。

約莫在 2021 年 4 月底，欣興股價下跌到 85 元後又站上 90 元，這時我再度進場承接，即便當時股價繼續漲，在股價來到 100 元左右我還是先獲利出場。過程中完全是理性操作，按照我的 SOP 機械式操作。

到了 2021 年 5 月時新冠肺炎疫情升溫，台灣進入三級警戒，因為不確定後來行情會如何，所以我按照計畫先出脫持股，而後再於 2021 年 5 月底進場布局。

長期看好的股票，我會用回檔遇到均線進場，然後獲利逢高調節，幾次下來這檔個股讓我獲利約 70% ～ 80%。

圖1 在欣興上漲過程中波段操作獲利
欣興（3037）日線圖

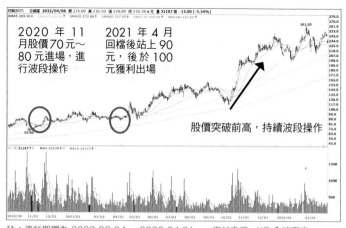

2020年11月股價70元～80元進場，進行波段操作

2021年4月回檔後站上90元，後於100元獲利出場

股價突破前高，持續波段操作

註：資料期間為2020.09.24～2022.04.06　　資料來源：XQ全球贏家

後續股價再突破前波高點，我都會進場嘗試買進，用長線的心態進行波段操作。

範例2》康控-KY：短線操作半年，投報率約2倍

除了2021年的長榮與欣興，我認為自己比較成功的「代表作」還包含電聲元件廠康控-KY（4943）。同樣按照由

上往下選股策略，2017 年時，我發現康控 -KY 可能獨家提供蘋果（Apple）AirPods 防水材料，市場又傳出蘋果供應鏈大廠立訊將與其合作；同時，我也詢問財經界、產業面友人及專家意見，研究投信報告，交叉比對後決定買進。

我注意到康控 -KY 這檔個股時，它的股價約為 90 元，買進時它的股價約為 100 元，後來股價飆漲到 624 元（詳見圖 2），真的是股價飆到外太空！

從數字來看，2017 年康控 -KY 每季都是賺錢的，第 1 季～第 4 季每股盈餘（EPS）分別是 0.19 元、0.25 元、4.96 元、5.03 元；第 3 季～第 4 季 EPS 顯示獲利大增，月營收年增率顯示，營收最高點為 2017 年 11 月，高達 9 億元（詳見圖 3）。隨著獲利加持，2018 年年底時股價逐步攀升至 624 元；12 月 5 日公告 11 月營收並預告營收轉差後行情快速退燒。

事實上，康控-KY 在 2016 年年底時股價還在 49 元上下，1 年內股價飆漲到 446.5 元，從營收月增率觀察，公司獲利的確從 2017 年 5 月起翻揚，如果投資人當時在低檔買

圖2 康控-KY股價自100元以下漲至624元

康控-KY（4943）日線圖

註：資料期間為 2016.11.16～2018.01.26　　資料來源：XQ 全球贏家

進，獲利幅度相當驚人。

　　2021 年的康控 -KY，我沒有賣在最高點的 624 元，而是在股價回檔至 300 元至 400 元左右賣出。持股時間約半年，當時的操作方式是保留多數持股，少部分進出調整，短進短出做價差，半年投報率約 2 倍。雖然康控 -KY 後來因為財報問題被列入財務警示股，但從股票獲利的角度來

看，它的確是一檔大飆股，買到大賺。

掌握9重點，留意公司財務狀況

有大行情的飆股，少數有可能是人為炒作，但更多會需要扎實的獲利數字支撐，問題是你有沒有機會提早辨識出它，有沒有在對的時間抓住趨勢，有沒有在趨勢來臨時選對也做對。股市中每天都有「早知道……，我就……」的遺憾，這種遺憾能少一點是一點。

如果想讓抱股過程更有信心，可以從幾個財報關鍵指標看出公司的獲利能力，要留意 9 個重點：

重點1》營收是否進入爆發期

業績營收才是本業獲利的根本。當個股進入所屬產業的景氣循環高峰，或是旺季，都會使營收明顯成長，並可望帶動獲利成長，為股價提供支撐。

重點2》營收開始創新高且幅度明顯變大，留意利多不漲

當個股因為公司營運上獲得突破，如技術創新或購併新

圖3　康控-KY 2017年11月營收高達9億元

康控-KY（4943）月營收變化

單位：億元

註：資料期間為 2016.10 ～ 2018.12　　資料來源：公開資訊觀測站

業務等利多原因，就有很大機會帶動營收創下新高，進而獲利成長，支撐股價也有突破機會。但若是股價對利多沒有明顯反映，代表上述利多其實受產業／市場的評價並不高，投資人就要對股價的上漲空間保守看待。

重點3》本業獲利變動

本業獲利是公司長久的競爭力，若獲利有明顯變化，則

須留意是否公司營運上有何變化,進一步影響股價。

重點4》毛利變化

毛利是主要業務的獲利能力,愈高表示公司掌握的利基愈大,能承受營運衝擊的能力相對較高。因此,毛利變化對股價的影響很重大。

重點5》業內外比重

本業是公司的營運重心,業外則是無關營運。本業獲利貢獻大於業外獲利,代表公司獲利主要經由營運成功而來,而非來自一次性/突發性的業外貢獻,對股價的發展潛力有正面助益。

重點6》自有資本率

若公司的資本是因營運擴張而自然增長(自有資本率較高),相較於因增資而來,自有資本率較高的公司,對股價的支撐力道相對強勁。

重點7》現金流量狀況

相對於損益表,現金流量是指實收實付,就是真正收到

現金才被記錄下來，現金流量可以檢視這段時間，公司真正擁有的現金流。

重點8》轉投資不宜過多

轉投資過多有可能分散公司的本業獲利，轉投資與本業的關聯性或許不大，無法對股價續航力有相對長期的支撐。

重點9》財報愈簡單愈好

財報最好是很好閱讀，不要有太多的轉投資、業外收益、關係人交易等，項目愈簡單愈好。

5-2 從技術面找最具「氣勢」個股 放大波段報酬

投資股票，我的體會是：只要做對的時間拉長，做錯的時間變短，就會賺錢。對錯觀念就是賺賠，賺錢就是對，賠錢就是錯；賺錢時要想辦法抱更久，賠錢時要想辦法跑愈快愈好。最重要的是，永遠要買強勢股、主流股或第 1 名的股票，它們是大盤焦點。

為什麼強調這點？因為強勢股、主流股或第 1 名的股票就是最佳男女主角，有「主角光環」，有氣勢，而氣勢決定股價高度！這裡我要特別針對個股「氣勢」進一步說明，帶投資人從技術面找出有氣勢的股票。

出現跳空缺口應留意3項操作技巧

最明顯的氣勢就是技術線型中的跳空缺口。圖 1 顯示紅 K 棒向上跳空缺口，以及黑 K 棒向下跳空缺口，出現跳空

圖1 出現跳空缺口代表個股氣勢強
K棒跳空示意圖

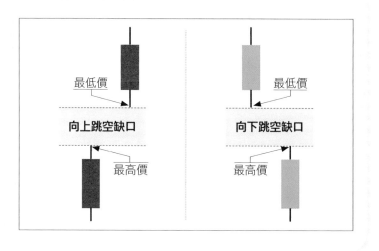

缺口代表個股氣勢強。向上跳空代表上漲氣勢強；反之，
向下跳空代表下跌氣勢強。

如果出現跳空缺口，要特別留意 3 項操作技巧：

1. 開盤跳空但「逆主趨勢」
宜先觀望。

2.開盤跳空「持續原主趨勢」

◎趨勢多→開高走高→進場做多。

◎趨勢多→開高走低→酌量減碼。

◎趨勢空→開低走低→進場做空。

◎趨勢空→開低走高→酌量減碼。

3.確立「主趨勢反轉」或「突破盤局延續原趨勢」

主趨勢反轉通常出現在高檔或低檔，高檔出現向下跳空缺口，或是低檔出現往上的跳空缺口，往往是趨勢反轉的跡象，特別是連續出現跳空，更可確定趨勢反轉。

而股價若是長期維持震盪局面，突然之間出現跳空缺口，或是股價呈現多頭趨勢，出現往上跳空缺口，可能是延續原趨勢；反之，若是空頭趨勢出現向下跳空缺口，亦會延續原空頭趨勢，此時進場就要依照原趨勢方向操作。

留意向上跳空強勢股，可以順勢找出領先飆股，這時要特別留意以下 3 個觀察指標：

1. 若在底部，選擇領先落底，並且也能領先竄出者。

2. 若在上漲過程選擇主流股，最好選擇領先竄出者，壓力愈少愈好；若是類股齊漲，應該選擇表現最強者。

3. 低檔首日攻擊必為全面齊漲，真正的主流股會在第 2 日出現，開盤最強勢股才是真主流，最好是帶量跳空。

光學鏡頭大廠玉晶光（3406）同時具有蘋果（Apple）供應鏈及元宇宙題材，自 2016 年 11 月 8 日到 2017 年 9 月 4 日，一個大波段中多次出現跳空缺口，股價自 47.3 元飆漲至 596 元，大漲逾 11 倍，堪稱主流強勢股中的強勢股（詳見圖 2）。

光電族群中的亞光（3019）股價也陸續在 2017 年 1 月、2 月、7 月數次出現跳空缺口，主流趨勢不變，股價從低檔 26 元飆升至 143 元，大漲 4.5 倍之多（詳見圖 3）。

2017 年 2 月 23 日，先進光（3362）、新鉅科（3630）也都出現跳空缺口（詳見圖 4、圖 5），展開強攻波段行情。先進光股價從跳空上漲後一路走高，中間雖然拉回整理，多頭氣勢不變，股價最高來到 87.4 元，大漲 3.5 倍；新

圖2 玉晶光股價在2017年曾大漲逾11倍

玉晶光（3406）日線圖

註：資料期間為 2016.08.15 ～ 2017.10.30　　資料來源：XQ 全球贏家

鉅科股價自 2017 年 2 月 23 日連續跳空上漲 5 個交易日，波段自最低價 16.55 元漲到 69.6 元，大漲 3.2 倍。

從這 4 檔個股的 K 線圖可以看到主流股及強勢股的飆升力道，如果 1 年中能抓到幾檔飆股，整體投報率相當驚人。

股市操作如戰場上指揮作戰，雖然有基本面、技術面等

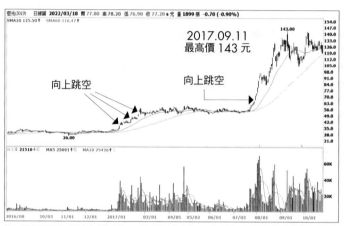

圖3　亞光股價在2017年自26元漲至143元

亞光（3019）日線圖

註：資料期間為 2016.08.15 ～ 2017.10.30　　資料來源：XQ 全球贏家

「兵法」加持，如何靈活運用在股市戰場上，仍需要經驗累積。而根據我的多年實戰經驗，操作強勢股時不會脫離以下法則：

1. 先判斷趨勢多空，多頭時，股票做多，期指也做多。
2. 週趨勢與日趨勢一致時，代表趨勢強勁。
3. 多頭時，選擇股票以強勢股、主流股為主，愈是接近

圖4 先進光跳空上漲，帶來股價翻倍漲幅

先進光（3362）日線圖

向上跳空

註：資料期間為 2016.08.15～2017.10.30　　資料來源：XQ 全球贏家

新高價、創新高價或歷史新高價的個股愈要留意。

　4. 多頭走勢確認，可以採突破買進、逢回買進等策略。

　5. 多頭走勢還無法確認，只能做拉回買進，突破要觀望。

　6. 空頭時不做多股票，強勢股也不買，但也不做空現股。

　7. 多空不明時，盡量不做任何動作，等待為良策。

　8. 搭配技術指標進出場。轉多訊號若能伴隨型態完成、帶大量、突破高點、主流股出現等訊息，更能確認是強多

圖5　新鉅科股價在2017年漲至69.6元

新鉅科（3630）日線圖

2017.08.28
最高價69.6元

2017.02.23
連續向上跳空
5個交易日

註：資料期間為 2016.08.15～2017.10.30　　資料來源：XQ 全球贏家

訊號。

9. 均線與 MACD 方向不一致時，趨勢方向可能改變，此時應換方向操作。

買不起整張可買零股或相關ETF

有投資朋友問我，很多檔面上的飆股或主流股「太貴」，

買不下手或資金不足，是否可以買「便宜」一點的股票？其實，高價並不等於貴，低價不代表便宜，好公司的股價多半不會太低。

我們不妨這麼想，很多人吃飯會挑最高檔的餐廳或選最好吃的美食、選擇男女朋友會選最好的，挑選股票當然也要比照辦理，否則賺不到錢，或者說，賺不到大錢。

所以，如果主流股或飆股已經出現了，就算你不能買龍頭台積電（2330），也可以買跟台積電有關的標的，永遠要買最好的、最強的、第 1 名，才會賺錢！這句話值得說 3 遍。

那麼買不起整張怎麼辦呢？可以買零股，或是與這些標的有關的 ETF，一般人沒有賺到錢或虧錢，常常是因為他永遠不會去買「最好」的那家公司。

低價的股票，不會漲的股票一定有理由，千萬不要貪小便宜，只要碰到一次不好的標的就完了。再以長榮（2603）這檔股票為例，只要遇到一次 2021 年大行情就是大賺，

開張吃 3 年，我們要的是那個「大」機會，一次大賺 5 倍就抵過多次的蠅頭小利。

只要能打破錯誤觀念，投資人懂得透過基本面研究增強選股能力、了解大股東跟公司派在想什麼，而且懂得停損、選對飆股，操作股票真的不難，成為股市中少數贏家指日可待。

當然，即便是強勢股或主流股，漲多也有拉回的時候，即便不是強勢股或主流股，也可能有一些標的適合搶短。如果投資人偶爾想要做短線，比方當沖或隔日沖，我建議以 30 分 K 線為主，一樣觀察 5 日、10 日、20 日、60 日、120 日、240 日線，操作方式與一般個股操作大同小異。

另外，建議投資人盡量選擇日線看起來是多頭或空頭趨勢明顯的標的，然後順勢操作。值得一提的是，在大多頭或大空頭來臨時，做短線很容易錯失大行情，這點要特別注意，以免因小失大。

5-3 抓準趨勢轉強關鍵點 搭上股價飆漲列車

羅馬不是一天造成的,一旦飆股成氣候,趨勢的威力是驚人的。

留意股價趨勢可能轉強的6訊號

觀察股價的 K 線圖,股價原本表現溫吞,但是當我們注意到以下 6 個訊號,就代表趨勢可能即將轉強:

1. 均線持續壓縮整理,或是股價呈現窄幅震盪。
2. 技術指標來到相對低檔,包括 KD、RSI 等都位於低檔。
3. 量價突破,此時最好伴隨大量突破,法人大買超。
4. 確認主升段行情:包括技術面均線呈多頭排列、價漲量增、股價拉回不破均線支撐等技術面。
5. MACD 比前一波更高,趨勢爆發力更可期待。
6. 關鍵 K 線長紅突破、跳空、爆量長紅。

圖1 股價出現趨勢突破點，起漲後漲幅驚人
以基亞（3176）日線圖為例

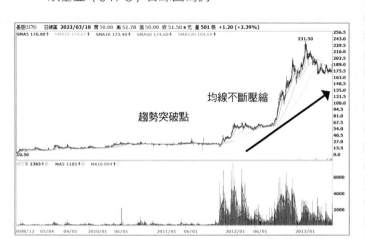

註：資料期間為 2008.12.16 ～ 2013.07.16　　資料來源：XQ 全球贏家

　　趨勢股一旦咬住，能抱多久就抱多久；如果漲幅逾倍，可考慮在跌破月線時出一半，跌破季線時全出。

　　以基亞（3176）這檔個股的線型走勢為例，可以看出趨勢的威力有多驚人（詳見圖1）。股價維持低檔數年的股價，在 2011 年年底至 2012 年年初出現趨勢突破點，隨後股價一路上揚，之後帶量上攻；2013 年年初股價飆至

231.5元，如果從趨勢突破點後買進，獲利幅度驚人。

從量能變化可以進一步確定趨勢方向。量能往往是上漲量增、下跌量縮，上漲一定需要量，下跌並不需要量。

但要特別留意，股價漲多仍會拉回，若是突破關鍵價位而且帶量，代表強空訊號出現。下跌狀態下的量價往往是爆量強彈，量縮築底，若下跌持續量增，往往是搶短的投資人進場，此時不該貿然做多，最好等量縮後再進場做多。

上漲趨勢逢回檔買進2招式

操作面上，上漲趨勢過程中逢回檔買進；會放空者可趁下跌趨勢中逢反彈放空（詳見圖2）。建議投資人可以利用「50%法則」或「123法則」尋找壓力與支撐，作為進場觀察指標：

招式1》50%法則

當多頭主趨勢回檔約莫此波漲幅的45%至50%，可準備尋找順著主趨勢的進場點。但要留意的是，當股價回檔

圖2 多頭趨勢可趁回檔遇支撐時買進
回檔買進vs.反彈放空

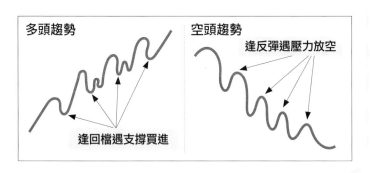

時，需有均線支撐，才會相對安全。若跌破支撐線則可能趨勢反轉；相反地，若股價上漲遇到壓力，且突破不了壓力線，則要賣出以防萬一，會放空者則可以在此時找放空點（詳見圖3）。

招式2》123法則

此項法則主要是尋找趨勢反轉的進場點。以股價跌至低檔，要尋找轉多訊號時，可留意是否滿足以下條件：

①股價向上突破下降趨勢線（又稱壓力線，為股價下跌

圖3 盤整趨勢遇回檔有支撐時可買進
逢支撐買進vs.逢壓力放空

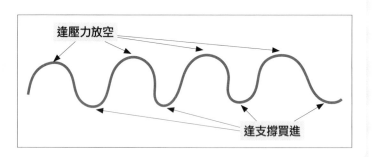

過程中反彈高點連成的線）。

②股價反彈後回檔，不再創新低價。此時通常跌不破原本的下降趨勢線，壓力線轉為支撐線。

③股價突破底部反彈的高點（頸線）。

滿足以上條件，視為趨勢轉多，可在此時找進場點（詳見圖4）。

以直得（1597）這檔個股為例，2017年到2018年就能使用50%法則找買點。直得股價從2017年4月33

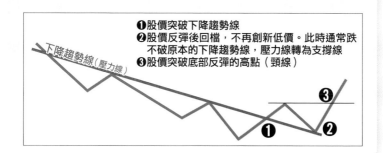

圖4　底部反彈轉多頭趨勢，用123法則找買點

123法則示意圖

❶股價突破下降趨勢線
❷股價反彈後回檔，不再創新低價。此時通常跌
　不破原本的下降趨勢線，壓力線轉為支撐線
❸股價突破底部反彈的高點（頸線）

下降趨勢線（壓力線）

❶ ❷ ❸

元低檔，飆漲到 2018 年 4 月高點 211 元（詳見圖 5 ）。

在上漲過程中，我透過上述操作技巧找買點，來回操作，看到上漲有角度（通常角度愈陡，表示氣勢愈強），拉回到漲幅的 50% 左右低接，同時設好停損價位，來回操作。

觀察8重點，嗅出由空翻多轉折點

如果是從高點重跌下來的個股，想要抓住從谷底翻揚的時機，則可以觀察以下 8 個重點：

1. 跌勢緩和並開始反彈，股價突破下降趨勢線（壓力線）。

2. 正式轉多之前，定會經過打底過程。

3. 上漲後陸續突破短期、中期均線；此時年線一定要轉為往上，通常會展開第一波上漲。

4. 上漲後會回測，但不再創新低。

5. 經過打底後，出現帶量突破趨勢，此時進入主升段的機會很大。

6. 量能增溫，成交量明顯放大。

7. 出現關鍵K線，最重要的有3種：低檔吞噬、低檔長紅、晨星（詳見表1）。

8. 通常我們會説「3根紅，散戶不請自來」，如果第4根K線能帶紅K，通常是一個大波段的可能性很大。

以新鉅科（3630）為例，2013年股價從127.5元跌到11.4元，為空頭走勢（詳見圖6）。直到2015年不再下跌，突破下降趨勢線後回測，打底一段時間，隨著量能增溫，股價向上突破，趨勢轉為多頭，拉出一波漲勢。

我跟所有投資人一樣，都希望買在最低點，但是真的不

圖5　主趨勢回檔達漲幅50%找進場點

以直得（1597）日線圖為例

33元至65元上漲32元，50%為16元。因此當股價自65元回檔16元，亦即49元左右則進場低接

55元至109元上漲54元，50%為27元。因此當股價自109元回檔27元，亦即82元左右則進場低接

65元
35元
49.6元
55元
109元
81.6元

註：資料期間為 2017.03.15～2018.05.09　　資料來源：XQ 全球贏家

太可能，通常確認景氣或趨勢真正改變時，股價都已經上漲或下跌一段了。

　　所以，我會盡量找股價從脫離低檔後有一段漲幅的標的，通常我會留意短時間內從低檔往上漲 40%～50% 的股票，這代表供需在急速轉變，短時間內供不應求，也代表未來公司業績有很大的獲利空間。

表1 股價谷底翻揚可能出現3種關鍵K線

低檔吞噬vs.低檔長紅vs.晨星

K線型態	低檔吞噬	低檔長紅	晨星
說明	紅K的實體大於前一交易日或3日的黑K棒實體	股價在低檔出現長紅K棒,最好是帶有大量,通常明顯大於之前的所有大量	開盤價與收盤價相近,但盤中另有最高價與最低價,K棒會形成接近十字型;股價低檔時此十字若出現在3根K棒中間,且前一日為黑K,後一日為紅K,且紅K收在第一日黑K實體範圍內,則此型態稱為晨星,為低檔反轉的重要K棒訊號
圖示			

此外,股價整理一段時間的個股我也會稍加留意,如果符合選股標準,可能進場買股。還是那句老話,只要選對做對的機率維持在60%,你的「股市印鈔機」就會累積可

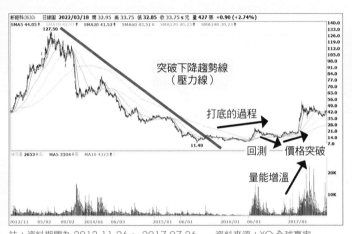

圖6　**空頭趨勢結束，突破壓力線後由空翻多**
以新鉅科（3630）日線圖為例

註：資料期間為 2012.11.26～2017.07.26　　資料來源：XQ全球贏家

觀的產值，你要做的是校準與設定印鈔機的參數，然後按下「Start 鍵」。

　　最後要提醒，任何一檔飆漲的股票，總有下跌的一天。如果發現某檔個股頭部形成，出現重跌的Ｋ線，特別是連續摜破月線、季線與年線，代表多頭趨勢反轉，投資人應該趁早擬定「退場機制」。

5-4
適時停損出場
避免投資全盤皆輸

在投資路上，我比大多數投資人幸運的是，有機會到《財訊》工作，讓我有更多機會接觸到成功的投資人與公司派、大股東、市場主力等；他們為我開了另一扇窗，讓我更能從不同面向與角度觀察股市，學習他們的成功經驗。

當然我也更有能力解讀GDP（國內生產總值）成長率、CPI（消費者物價指數）等經濟數據，掌握利率與貨幣動態，從經濟數據解讀市場。對於個別產業動態，從水泥、鋼鐵、航運、金融一直到電子股，如晶圓代工、PC（個人電腦）、NB（筆記型電腦）、DRAM（記憶體）、面板等，我都如數家珍，再也不是像以前如同「雜貨店老闆」般，從各種雜亂的資訊中找標的。

不過，即使在懂得解讀經濟趨勢之後，初期也沒有讓我的台股投資報酬率明顯提升，為什麼這些知識的累積沒有

反映在獲利上？我開始檢討、反省自己的每一筆交易，自問為何當初選擇這檔股票？進場理由是什麼？買進價位在哪裡？最後的結果是什麼？賺賠多少？

　我歸納整理每一次的投資過程與結果，反省自己做對或做錯了哪些決策，比方進出場時間點太早或太晚，思考怎麼做才能避免犯同樣的錯誤等，甚至會把技術分析K線圖列印出來，標上進出場點、加碼點，然後仔細梳理問題到底在哪裡。

先學會輸，才有可能贏

　在不斷的檢討與修正中，我花了很多時間研究了多位投資大師的操作策略與心法；包括被稱為「金手指」的知名短線交易員馬丁·舒華茲（Martin Schwartz）、股神華倫·巴菲特（Warren Buffett）、著名基金經理人彼得·林區（Peter Lynch）、美國「期貨天王」史丹利·克洛爾（Stanley Kroll）、德國股神安德烈·科斯托蘭尼（André Kostolany）等。這幾位投資大師都不約而同提到「停損」及「認賠殺出」的重要。

　　例如，巴菲特就曾提到：「我們希望永久持有優秀經營團隊的優質企業股票，但是我們的做法卻跟長期持有反其道而行。林區對這樣的模式有很巧妙的形容，他說這類投資人的行為根本是『剪斷花朵，灌溉雜草』。」

　　的確，年輕時我好像也常花較多的時間與金錢在不太會漲的標的上，或者固執地認為手中的標的很優質，因此在股價下跌過程中「抱緊」處理；花朵與雜草傻傻分不清，完全將肥料用錯對象，忙了半天卻獲利有限，甚至常常賺小賠大，以至於結算報酬時數字不美麗。後來我也常常懷疑自己非股市中人，生出不如歸去之感，所幸我終於領悟到問題癥結點。

　　舒華茲是華爾街最成功的交易員之一，曾經連續虧損 10 年，後來靠基本面、技術面與對趨勢的觀察找到正確的投資方法，靠著 4 萬美元投資，累積 2,000 萬美元的獲利。他認為，投資人首先要認清自己願意因為投資而承擔多大的風險，也就是最多願意虧損多少金額。「華爾街孤狼」伯納德・巴魯克（Bernard Baruch）則明白指出投資必須盡快停損：「要學習快速果決地接受失敗結果，不要認為

自己總是對的。一旦犯錯就要盡快認賠殺出。」

　我想所有人都知道停損很重要，它是一道防火牆，但很少有人可以 100% 貫徹，所以讓野火燎原，甚至一把火將資產燒得乾乾淨淨。雖然我早期投資時就會停損，但有時候也會因為不甘心而沒有嚴守停損紀律，經過更多的經驗累積，我才真正明白「先學會輸，才有可能贏」的道理。

　停損就是設定一個最低限度的「認輸離場點」，只要虧損超過願意承擔的範圍，就馬上停損離場，以免陷入心痛的深淵。對於嚴格遵守停損點這件事，我跟舒華茲一樣堅持，因為真的有效。

　當捨就捨，畢竟人算不如天算，就算做了再多的研究，確定趨勢沒有錯、股市發展方向沒有錯，但有可能因為這樣或那樣的原因，導致進場時間點掌握得不是那麼好，於是與獲利之路漸行漸遠，所以建立好停損機制才如此重要。

　長期下來，我嚴格執行停損原則，只要價位到停損點就出場；除了年輕時精業這檔個股讓我痛過，真的沒有在股

市中受過重傷，只有每年獲利多寡高低不同的分別。

　如果發現買錯，只要跌破停損點就應盡快出場，留得青山在不怕沒柴燒。我的想法很簡單，股價要上漲，通常需要資金拉抬與時間醞釀，所以速度慢；但只要有任何風吹草動，就可能引發雪崩式賣壓，所以下跌速度快，如果沒有先設定停損點，容易釀成大災禍。

　最經典的例子就是宏達電（2498），2011年股價從高點1,300元一路崩跌到30元以下，崩跌過程中，想要進場撿便宜的投資人可說是怎麼買怎麼套（詳見圖1）。眼看它樓起樓塌，誰能想到千金股3年內跌落神壇？一開始不停損的下場就是血本無歸。

　同樣的慘劇也發生在國巨（2327）這檔個股（詳見圖2）。國巨股價從2018年6月至7月來到高點，股價自1,310元高點後5個月內跌到只剩300元。如果在950元左右停損出場，就算賠錢，傷得也不會太重。換個角度說，如果未來國巨這檔個股還有東山再起的機會，投資人在950元上下停損出場，剩下的多數資金還能在之後的恰

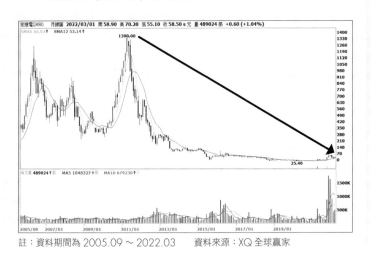

圖1 **宏達電股價從1300元崩跌到30元以下**
宏達電（2498）月線圖

註：資料期間為 2005.09～2022.03　　資料來源：XQ 全球贏家

當時機進場買股，或者買進其他標的，而不是所有資金陪葬在一檔個股上。人生或投資，有沒有第 2 次機會很重要，所以千萬不要無視停損這道防火牆的威力。

從3方向設定停損點

那麼，停損點該怎麼設定？不妨參考以下 3 個方向：

圖2 國巨股價自1310元高點跌到只剩300元

國巨（2327）日線圖

註：資料期間為 2017.10.17 ～ 2018.12.25　　資料來源：XQ 全球贏家

方向1》3：1停利或停損法則

如果投入總資金為 5,000 元，下跌 7% 即為停損點，上漲 21% 即為停利點。

假設連續 4 次交易，採用「3：1停利或停損法則」，前 2 次都採取 7% 停損，而留下的資金再繼續進場，接下來的 2 次若都做對，在 21% 停利出場，就能夠反敗為勝（詳

表1	下跌7%為停損點，上漲21%為停利點			

3：1停利或停損法則

項目	第1次	第2次	第3次	第4次
投入資金	5,000元	4,650元	4,324元	5,189元
損益金額	−350元 （假設7%停損）	−326元 （假設7%停損）	+883元 （假設21%停利）	+1,038元 （假設21%停利）
累計資金	4,650元	4,324元	5,189元	6,227元

見表1）。

方向2》用時間設定停損點

　　當我們採取順勢操作買進股票，必定是看準它股價即將發動；若買進標的後 3 天、5 天或 8 天內漲勢不如預期，代表可能判斷錯誤，可立即停損。

方向3》用空間設定停損點

　　只要符合以下任一條件就可考慮停損：

　　①**下跌 7% 或 10% 為停損點**：停損點的設定可以按照個人的投資條件而定，有人做得很短線，可能跌 7% 就停

損，也有人設定在跌 15% 停損。我個人約莫設在跌 10%
的位置執行停損，假設 100 元買進股票，跌到 90 元時，
我可能會出清持股或者先減碼一半，這是出於一個保護心
態的安全機制。

②**以跌破上升趨勢線為停損點**：在股價上升過程中的每
波 K 棒低點畫出「上升趨勢線」，若股價下跌未跌破此趨
勢線代表股價有撐；若跌破此趨勢線則可能趨勢反轉，可
在此時先做停損。

③**以跌破均線為停損點**：我主要是採短線或波段操作，
因此多會以跌破 10 日線或 20 日線為停損點。

④**以跌破頸線為停損點**：當股價已經形成頭部，跌破頸
線時恐會進入一波跌勢，可先停損避開下跌。

⑤**以 K 線賣訊為停損點**：例如出現高檔大量長黑 K 或往
下跳空缺口，或是出現高檔連續黑 K 等狀況。

⑥**以「2B 法則」為停損點**：這個法則指的是上升趨勢當

圖3 從收盤價與水平線相對位置判斷停損價位

2B法則

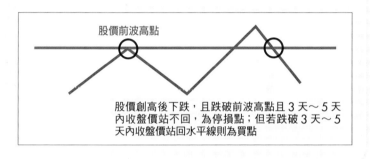

股價前波高點

股價創高後下跌，且跌破前波高點且 3 天～ 5 天
內收盤價站不回，為停損點；但若跌破 3 天～ 5
天內收盤價站回水平線則為買點

中，股價突破前波高點創新高，但之後卻無法續創新高且
跌破前波高點，接下來可能繼續下跌，也可以視為頭部形
成的趨勢反轉。

　　2B 法則的運用方式是以股價前波高點為基準畫一條水平
線，若跌破此水平線 3 天至 5 天內，收盤價站不回水平線
則是賣點；跌破前低水平線 3 天至 5 天內，收盤價又回到
水平線之上則是買點（詳見圖 3）。

　　⑦**跌破大量區域：**可以觀察股價上漲的過程中，量能最

大的價位區間，可以把此處視為重要支撐價位，一旦跌破考慮停損出場。

嚴守出場紀律，再尋找進場機會

當然也有很多人會問，萬一賣了以後股價又往上彈怎麼辦？我認為大可不要有這樣的心態，換個角度思考，因為在股市裡投資時間愈久，可能賺愈多，而大部分的投資人可能碰到一次大狀況就出局。比方前面提到的宏達電，股價最高來到 1,300 元，最低跌到 30 幾元，如果不懂得停損，我早就人間蒸發了，就算台股「以後」飛越 2 萬點也沒我什麼事了。所以，不要預設立場先想「後面會如何」，而是先想「當下應該如何」。

停損就是承認這次的決策是錯誤的，然後揮別過去，繼續往下走，每一次進場都是新機會的開始。有投資人問我：「買到如宏達電這般的飆股，如果回檔停損後股價又往上衝，不是少賺了嗎？」我還是要強調，只要會停損，每一次都是新的進場點，不用在意自己是不是買過宏達電，也不用在意應該低檔買進還是高檔去追，就用 10% 的停損機

制去測試新機會，盤中只要看到停損價位就出場，如果宏達電還會續漲，尋找下一次機會就好。

嚴格停損至少不會讓你賠光，也能確保你在股市裡不會很快被淘汰，如果還能待在場內，未來還有機會反敗為勝，甚至可以等到賺 3 倍、5 倍的飆股出現。

所以我建議投資人，一定要先學會停損觀念，先學會輸，再學會贏，就是這個道理，笑到最後才是贏家。

其實這些原理原則不難執行，難在克服人性。股票市場更多時候是跟自己對抗，看任何訊息最好從不同角度去觀察。我不斷強調，股票市場只有少數人能夠賺錢，所以我們要走人比較少的路，嚴格遵守停損紀律就是一條「人少的路」。

其實我也發現到，許多人就算原本買對股票，也有跟上漲勢，卻來不及獲利了結，最後眼睜睜看著股價觸頂又暴跌；或是認為行情即將發動，早早進場等待，卻遲遲等不到行情，導致長期套牢，原因就出在「想買最低、賣最高」。

巴魯克説:「不要企圖在最低點進場、最高點出場,因為這是不可能的事,除非你是個騙子。」我的做法是,一檔已經發動的飆股,不會在煙花施放的第一時間進場,而是會反覆觀察確認,再進場。所以從飆股風起雲湧到歸於平淡,我都在,只是掐頭去尾,扣除前後 10% ～ 20% 或 20% ～ 30% 獲利,少賺了點罷了。

此外,我不建議投資人一味地搶進搶出,蠅頭小利無法累積獲利與財富,只有大波段行情才有機會賺大錢,反敗為勝。

還要提醒大家,台股雖然在歷史上曾有幾次空頭時期,但時間不長,加上政府不會放任股市崩跌不管,所以台股一直以來多半走多頭行情。我建議,台股操作盡量做多不做空,除非技術能力到達一定火候可以兩邊賺,否則,在多頭市場裡,操作方法就是做多,一直到你相信多頭市場即將結束時為止。

第6章

紀律實踐心法
成為投資贏家

保持正確的投資態度
才能擺脫賠錢命運

　　幾年前的一場演講中，有對年約 60 歲的退休夫妻問我：「手中退休金約有 2,000 萬至 3,000 萬元，如果都投資台股，應該如何選股？」當時我建議他們，這個年齡段的投資人可以買台灣 ETF 或共同基金，不建議投資股票，因為雖然股市高獲利，卻也代表高風險，萬一盤勢不如預期或有其他變數，退休金打了水漂，嚴重影響老年生活品質。

　　這對夫妻認為，投資基金賺得比個股少，他們想買聯發科（2454）、台積電（2330）、宏達電（2498）；我倒認為應該以安穩為主，電子股上上下下，可能不太適合他們，非要買股，可以選擇相對穩定的金融股。當然，最後我也只能說，隨他們的心意選擇。

　　1 年後，我到同一個地方演講，這對夫妻又來找我，他們張口就說：「請救救我們。」原來他們買進幾檔電子股：

宏達電股價最高衝到 1,300 元，後來往下墜，股價跌到 500 元～ 600 元；台積電股價約莫維持在 60 元～ 70 元之間，沒有什麼表現；聯發科股價則是從 500 元～ 600 元跌到 200 元。

當時的聯發科與宏達電的獲利都處於虧損狀態，因此他們決定，賣掉台積電跟聯發科，將資金挪去承接從 1,300 元跌到 800 元的宏達電；然而，這麼做並沒有達到攤平的效果，因為宏達電股價持續下墜，跌到 200 元～ 300 元，愈攤愈平。

他們賣掉小賺或沒有賠錢、小賠的個股去攤平下跌幅度比較大的、虧損嚴重的個股，手中的 3,000 萬元退休金，在短時間內便有泰半消失於茫茫股海中。如果他們早一點來問我，我的建議會是賣掉營運與股價都在走下坡的宏達電，買進營運展望更好的台積電。其實我想很多投資人都會做類似的選擇，因為虧多了，砍不下手。

我想說的是，如果手中還有一半以上的資金，只要想辦法抓幾檔飆股，還有機會東山再起，將之前損失的錢找回

來；畢竟在哪裡跌倒，不一定要從同一個地方站起來。之後我再也沒有見到這對夫妻，而多年來宏達電的股價繼續下跌，跌破 100 元，最低甚至在 2020 年跌到 25.4 元。

定期檢視持股，若苗頭不對就停損出場

這個例子也告訴我們，遇到下跌趨勢的股票，不要逢低攤平。雖然市場上有另一派人馬支持逆勢投資，也就是在股價跌深時趁機撿便宜，但是這建立在對於個股的未來有十足把握的前提之下，或者是適用於與大盤同步的 ETF。況且逆勢投資者一旦發現自己看錯股票基本面也是會停損的，例如公司利潤持續衰退、競爭力減弱時，還是會毅然出清股票認賠。

若是根本沒有認真研究股票基本面、對公司的前景毫無把握的人，根本就不適合逆勢投資、不適合逢低攤平，否則只要遇到一次宏達電就完了。

如果時間可以重來，這對夫妻遵守我説的 10% 停損紀律出場，虧損 10% 還在可以承受的範圍內，也許他們還能保

有 70% ～ 80% 的退休金。不過也只是「也許」，因為通常在出現虧損時，很少人能面不改色；比較常見的是產生執念，希望力挽狂瀾，做出如這對夫妻當初的選擇，甚至，「愛上」這檔個股，離不開也放不下，最後虧損擴大，長期套牢，眼睜睜看著資金灰飛煙滅，就是我說的「斯德哥爾摩症候群」。所以，我還是要再次提醒投資人：要停損、不要攤平！

另外，這對夫妻對個股不是很了解，就直接將 3,000 萬元資金平均分配到 3 檔個股，買進之後就抱著不動，這樣的操作方式也不正確。投資股票市場，每隔一段時間都要檢視手中持股，每週、每月檢視一次，最低限度也要每 3 個月檢視一次手中持股狀態，發現不對勁要趕緊處理。若沒有能力選股或檢視股票好壞，一開始就應該買追蹤大盤的 ETF 或基金，追求長期的穩定報酬，就算賺得不多，起碼老本還在。

隨著年齡增長，應適當調整投資配置

投資的資金配置，也應該隨著年齡去適當的調整。年輕

時可以大膽積極操作，因為有很長的人生去賠、去學、去東山再起，淬煉出一套有效的股市操作技巧後，就能靠投資放大資產，先苦後甜。中年時，速度要慢下來，愈做愈慢；像我目前 50 歲上下的年齡，雖然操作方式不變，但只有一半資金放在股市。

60 幾歲以上的投資人，進入退休時期，我建議不要投資股票市場，或者只拿出 10% 的資金投入股票市場，其他可以放定存、基金。如果真的無法放棄股票，不妨投資幾檔穩定的優質權值股，讓股子股孫幫你攢退休金。

隨著年歲增長，投資人要慢慢調整配置，年輕時可以將資金的 80% ～ 90% 投入股市，少部分資金放定存；年紀愈大愈要穩定保本，降低資金曝險比重。

落實投資紀律，絕不「憑感覺」進出

在股票市場裡，很多時候考驗的是心態，打的是心理戰，市場充斥許多消息面，這些似假還真、或多或空的訊息，總能碰觸到投資人的敏感神經；就算是捕風捉影未經證實，

也能激得眾多投資人一頭熱買股或恐慌性賣股。所以投資心態正確，不容易受盤勢、消息面影響心情與判斷的投資人，才可能成為最後的贏家。

我在操作時就會落實我慣用的由上往下選股技巧，搭配趨勢、基本面、技術面、籌碼面選股，而且嚴格遵守紀律，該停損就停損，不會戀棧。

我常說自己是「機械式操作」，所以不容易受情緒或外在消息影響，養成這種習慣後，我發現獲利明顯成長，我知道自己找對方法了。

這種方式讓我贏多賠少，不會太意氣用事或太憑「感覺」；就算再發生一次股市大震盪，因為能即時停損，手中的資產都不會化為泡沫，一定還有足夠的資金再戰或東山再起。

如果我的手中有 2,000 萬元持股，股災來時我會先在 10% 停損點出場，之後同樣設定 10% 停損出場，狀況再糟，就乾脆在場外觀望。所以最後我可能還能剩下 1,500 萬～ 1,600 萬元本金，等股災過後市場恢復正常，我還有

足夠的資金進場再戰。我也不會因為疫情壓境就預設立場或自己嚇自己，不憑感覺決定進出，不受七情六慾的干擾，時間會證明一切。

投資方式有很多種，也各有優缺點，各有需要克服的心魔，剛進入市場的投資人不妨多看、看學、多嘗試。一開始我也是靠「博觀」練出功力，任何方法都去學習，看完後「約取」，找適合自己的方式，一旦投資方式固定下來，頂多調整優化細節，但不會再任意改變操作方式。

建議投資人時常回顧過去的操作經驗，才能更了解自己的操作風格與屬性，以及操作優劣勢等，從中調整出最好的狀態。

對的次數愈多，賺得愈多，表示你走在對的道路上。但要記得，我們不可能什麼錢都賺，不可能長短線一網打盡，所以要用適合自己的操作方法與標的賺錢，進入自己的「射程區域」，不要散彈打鳥。

累積的力量是很可觀的，建立自己的投資習慣與方法，

不要看到別人獲利就改變自己的風格，唯有長期耕耘，才可能靠股市累積財富。當然，若正在使用的策略都一直無法有效獲利，就代表這個策略不適合你，建議再嘗試其他方法，盡速找到屬於自己的投資之道。

6-2 堅守「5要6不」原則 投資路走得更穩、更長

投資股市需要留意方方面面，我的「5要6不」原則是相對簡單的操作配套，只要嚴格執行，養成習慣，時間拉長一定會有不錯的報酬。

回顧幾十年的投資路，很慶幸自己在經歷過錯誤、反省、修正後，慢慢走上正確的方向，甚至超越之前的自己，贏來豐碩的投資報酬。相信還有不少投資人跟我過去一樣，在投資路上茫然、不知所措，因為看不到方向、收穫與付出不成比例，甚至受傷而想放棄股市。因此，我衷心希望透過本書的基本面、技術面、操作面經驗分享，幫助投資人在投資路上走得更快、走得更穩，而且真的賺到錢。

5要原則》導正操作心態

我的操作心法，一言以蔽之就是「5要」與「6不」，

掌握此原則，同時避開 7 個股市操作的迷思（詳見 6-3），嚴守紀律、不受情緒影響地機械化操作。

「5 要 6 不」原則含括基本面、技術面、籌碼面、操作面與心理面等 5 個面向，投資人應該可以搭配前面幾個章節的說明，了解如何透過「5 要 6 不」調整好自己的心態，判斷多空趨勢，選擇飆股及找尋買賣點。

簡單來說，「5 要」就是要愛市、要跟贏、要知勢、要做對、要停損：

5要原則①》要愛市

投資是一場心理戰，心態正確最重要，所以首先你需要愛你所想，想在股市獲利，先要喜愛市場。市場永遠會帶給你希望與機會，如果害怕失敗或賠錢，容易綁手綁腳，不容易成功獲利。

然而每一次投資不保證一定獲利，千萬不要存著讓市場替你埋單付帳的想法，愈想賺錢，愈沉不住氣，也容易影響判斷力，結果當然容易賠錢。

5要原則②》要跟贏

市場贏家是少數，贏家的心法與經驗值得學習。除了時時檢視自己的操作優劣勢，我們也可以多參考大師們的投資心法，如華倫‧巴菲特（Warren Buffett）、安德烈‧科斯托蘭尼（André Kostolany）、威廉‧歐尼爾（William O'Neil）等投資大師，站在巨人肩膀上看趨勢、看操作技巧，有助縮短學習曲線。

但是，在學習與實際操作的過程中，投資人不必然要完全複製他人的成功經驗，而是要從中找到適合自己的投資模式與操作方法論，如果有效，那就保持下去，不要輕易改變。

5要原則③》要知勢

想在股市中賺大錢，不能靠解盤或預測，而是要靠評估與判斷整個市場大環境與趨勢方向。

如果不知道趨勢這股勁風從哪裡來、要往哪裡去，自然無法順勢找到飆股與進出時點，只能在股海中當個「睜眼瞎」，看著別人賺趨勢財，或者在小賺大賠中忙進忙出，

到頭來一場空。

5要原則④》要做對

美國華爾街有一句名言：「牛能賺錢，熊也能賺錢，但豬卻等著被宰。」不論是牛市（多頭市場）還是熊市（空頭市場），市場只有一個方向，不是多頭，也不是空頭，而是對的方向。我們不必效忠多方或空方，唯一要關心的是正確（做對），不論是牛是熊，做對才能賺到錢。

5要原則⑤》要停損

只要避免多數人會犯的錯，就可以脫穎而出，其中最重要的輸贏界線就是能不能嚴守停損紀律。知名股市作手傑西‧李佛摩（Jesse Livermore）認為，停損不能超過10%，必須趁虧損小時趕緊出場，避免引爆更嚴重的虧損風險。

帳面出現虧損就是犯錯，停止繼續犯錯就要立刻停損出場，因為虧損會引發恐懼，情緒會擊垮理智，甚至因此做出更嚴重的錯誤行為。所以，買進錯誤標的或破停損點時應該立刻出場，錯過停損點容易釀成大禍。

6不原則》避開常見錯誤

「6不」則是不攤平、不任意改變風格、不過度交易與持股過多、不喪失信心、不猜測行情、不看高低看強弱:

6不原則①》不攤平

傑西‧李佛摩說:「永遠不要攤平虧損的部位。」美國最成功的股票交易者之一馬克‧米奈爾維尼(Mark Minervini)認為,成功的投資人與失敗的投資人之間,最大的差別在於如何處理虧損部位,停損是最好的出路。做錯方向時最忌諱一錯再錯,股神巴菲特也寧願忍痛損失50% 停損出場,而不做攤平動作。

而我的操作策略有停損,沒有「攤平」二字。如果發現做錯方向,最忌諱一錯再錯,因此,如果發現某筆投資虧損了,也絕不攤平,這麼做只會提高操作複雜性也增加操作風險。

再次強調,操作股市要朝向錦上添花——賺錢之路邁進,不要雪中送炭,因為攤平而遭受更多損失。

6不原則②》不任意改變風格

巴菲特認為，很多人因為不夠堅定而無法堅守價值投資紀律，維持不變的投資原則比智商高低更重要，即便是經驗最豐富的投資人也要忠於自己的投資方法，不被潮流、趨勢所誘惑。

我也不會輕易改變自己的操作風格與 SOP，股市操作過程中的任何改變都會嚴重影響操作心理素質，無法堅守紀律則會影響全盤布局。日本旅美職棒球星鈴木一朗說：「雖然每天必須不斷重複毫無趣味可言的相同工作，但唯有持續累積與努力，才有可能成為一流的專家。」股市操作亦如是。

6不原則③》不過度交易與持股過多

貪多嚼不爛，就算資金充裕，我都會維持持股不超過 5 檔的原則；我認為應該集中火力，不宜持有太多股票，盡量簡單，才能專心照顧每一檔個股。

投資已經融入我的日常生活，即便再忙，我每天仍花 5 至 6 小時研究個股、看盤，當然也會花時間觀察全球財經

訊息。但就算再重視投資這件事,我也建議投資人減少交易頻率,因為沒有人能夠每天買賣股票,也沒有人能夠每次操作都順風順水。

我看過不少不顧時節、終年交易的案例,包含不顧研究和經驗累績結果仍然進場賭博的投資人,這種人多半會虧錢,甚至虧光所有,最後只能贏得營業員的尊敬。

6不原則④》不喪失信心

虧損讓我累積了很多寶貴經驗。世界上沒有什麼比虧損更能教會你不該做什麼,等你知道不該做什麼才能不虧,你已經開始學會怎麼做才能贏錢。

股市中沒有常勝軍,贏家只是錯得比較少,而不論贏家或輸家,都需要為學習投資這件事繳學費。我也不例外,即便我的操作勝率已經高出許多,又往前邁進一大步,還是會有小賠的時候。

想在操作股市上累積經驗,提高勝率,必須累積各種經驗,也必須為經驗付出代價。不過,我不會因為虧損而對

自己或股市喪失信心，因為我深信，每次在股市中虧錢時，代表又學到一些東西，下次操作可以避免某些錯誤。換個角度想，如果虧錢可以轉化成寶貴的經驗，帶來更高的獲利率，就當這些錢是學費吧！

6不原則⑤》不猜測行情

主導市場價格的是「供需法則」。在多頭市場中，利空消息會被人忽視，利多消息會被誇大。但很多消息真真假假，消息來源可能是公司派、市場派或媒體，但這些消息多半是落後指標，準確度如何有待驗證；投資人不應該受消息面影響而胡亂猜測行情，而是該耐心等待大盤告訴你時機已經成熟，各種消息面鈍化之後才開始交易。如果看不懂行情趨勢，觀望為宜。

6不原則⑥》不看高低看強弱

股價絕對不會高到不能買進，或是低到不能賣出，重要的是股價後續的強弱表現與趨勢方向。如果趨勢持續向上，代表股價仍有表現空間；反之，當趨勢向下，股價將走向弱勢，所以不要只看股價決定買賣時點，我們要重視的是趨勢。還有，開始交易之後，除非第 1 筆交易出現利潤，

否則別做第 2 筆。

　　新冠肺炎疫情爆發前，台股在 2019 年突破 1 萬 2,000 點的歷史新高，2020 年 3 月前後受疫情影響，台灣加權股價指數往下墜落，我因為嚴格執行停損紀律，手中持股約在大盤 1 萬多點時全數出脫，後來 2 月起股市大跌，我並沒有受傷。

　　在大盤下跌過程中，我的手中沒有股票，直到 8,000 多點時我仍在觀望，因為手中多數現金仍在，加上小賠賺多的獲利加持，後來台股上攻到 1 萬 8,000 點新高時才能迎來豐碩的報酬。

　　30 年來，行情來來走走，我的操作方式與風格至今不變。掌握前述「5 要 6 不」原則，就算無法讓你一夜暴富，也能細水長流累積可觀的財富，重要的是可以讓你降低犯錯的可能性。留得青山在，持盈保泰，才能在股市中繼續「笑傲江湖」。

6-3 釐清7項迷思 提高投資勝率

　　經過數十年的研究與精進，我在投資市場不能説勝算百分之百，但維持每年大賺小賠不成問題。多年的投資獲利讓我完成不少人生夢想，未來我也打算持續在投資市場中繼續翻滾，因為投資是我最喜歡做的一件事情。

　　有興趣、喜歡做就會有動力！因此，我想告訴初學者，一定要喜歡投資。願意花時間去研究或是簡單分析，願意去了解自己的投資傾向，愈是親近與熟悉投資市場，愈能從中找出屬於你自己的投資節奏。

　　其次，要嘗試了解投資市場，包括股市、匯市等。所謂「了解」並不是像經濟學家或分析師那樣熟知市場動態，而是對於市場的基本架構或重要變數與數據具有初步的了解，因此，我建議投資人先從產業面著手，有了初階基礎與分析能力後，再進階研究方法與心得。

再來，總體經濟方面的掌握與了解也不可或缺，因為影響股市最重要的多空趨勢往往是大環境，如全球資金動態，觀察指標包含美國聯準會（Fed）動態、股債之間的蹺蹺板關係，抑或是各國資金的流動狀態，這都是判斷多空的基本概念。之後再從技術面與操作面著手，反覆演練，必能累積實力。

經過多年實踐，我發現能在股市或投資市場獲勝的人，具有一個最重要特質，那就是「嚴守紀律」。股神華倫‧巴菲特（Warren Buffett）能夠笑傲股市，就是因為他堅持投資紀律，即便遭到所有人取笑，他都不會改變做法。

我一向有紀律地落實「5要6不」原則，讓我能有一顆比較清明的心與清楚的頭腦面對股市。另外，踏入股市多年以來，我觀察到投資人很常有7項迷思，如果能夠跳脫，將有助於提高投資勝率：

迷思1》努力就能賺到錢？

努力研究的確可以提高獲勝機率，但我也必須提醒投資

人，不論依照何種操作系統預估行情，都存在失敗的可能，因為成功包含運氣成分。運氣我們無法掌控，但是我們可以靠人為的努力拉近與成功的距離。

只要用對方法、堅守紀律，就能一定程度地把握住獲勝機率，創造穩定報酬。但如果萬事俱備，只欠運氣這股「東風」而導致結果不如預期，我也不會因此喪失自信或怨天尤人，畢竟人為努力僅能提高勝率，市場中的運氣仍占有很大的決定因素。碰到這樣的狀況，我們也無須跟市場理論，而是繼續等待下一次機會。

迷思2》不認賠殺出就等於沒有虧損？

這種迷思很可怕，明明已經失敗了卻不願意承認這個結果，好像只要不承認就不代表失敗，其實這樣的心態很容易打亂原來的操作策略，讓自己進退失據。

好比不停損出場、認為不賣股票甚至繼續攤平就不代表賠錢，這些做法只會讓損失擴大；而當資金受到牽制，也會影響其他標的的操作策略，整體績效將會大受影響。總

之，無法堅守紀律，整體績效就很難趨近平均勝率。壯士斷腕提早止血不丟人，認賠殺出才能保命，如果連命都沒了，談什麼未來？

迷思3》「明牌」可以相信？

靠明牌交易愚蠢至極，沒有人可以給你明牌或一連串的明牌，更不可能精準地帶你進出；只有靠自己判斷，才有機會賺更多的錢。就算聽到任何建議或消息，也要按照自己的進出方式操作。

此外，選股不能單靠某一個面向的研究，比方技術面或基本面，這就好比單看股價高低而非趨勢強弱買賣股票一樣。愈是多方觀察，交叉評估資訊，愈有可能篩選出主流股甚至飆股，提高獲勝機率。

迷思4》只看價格進出，就一定穩賺不賠？

有些人從來不考慮價值，只考慮價格，例如一檔股票在一年內從 50 元漲到 100 元，就認為未來 1 年可能漲到

200元，完全不去考慮它上漲的原因、或是不是已經漲到盡頭了。這種行動不是由趨勢與行情主導，而是由希望與恐懼主導，這是很危險的操作方式，因為漲勢有到頭的時候，不能只看價格進出。

此外，很多投資人帳面上出現正報酬時沒有適度停利，到頭來可能只是「紙上富貴」一場空，尤其在景氣大好的時候，很多人認為還會繼續漲而沒有任何作為，但是帳面上的利潤始終是帳面上的利潤，沒有落袋為安，你的錢不是你的錢。除非獲得的利潤已經在銀行戶頭裡，否則都不算是安穩的利潤。

迷思5》每天當沖把握小小獲利區間就可穩賺？

台股在2012年～2016年期間成交量低迷，為促進股市成交量，2017年4月28日起原本0.3%的當沖交易稅降為0.15%，原本預計實施1年，而後兩度延長，將延至2024年12月31日。

雖然當沖稅減半吸引不少當沖客進場搶短，但是現股當

沖需要專業知識、技術，還要精準了解盤勢，才可能獲利。即便真有小幅獲利，投資人也要精算扣除成本、證交稅、手續費等減項投入金額後，實際落袋的獲利是多少，以免贏了股價，賠在成本。

另一方面，股市操作的 SOP 等既定策略在當沖操作時無法進行調整，很容易一翻兩瞪眼。投資人需要思考這樣的投資與操作方式到底適不適合自己，成功獲利的機率高低如何，再決定是否當沖。

迷思6》複製成功者的操作心法肯定能成功？

成功者的操作心法可以學習甚至複製，但重點是投資人要從中體會出原理原則，掌握市場脈動，再梳理出自己的方法論，甚至將成功者的操作心法用出新意。

股市瞬息萬變，雖然歷史可能重演，但不會上演一模一樣的劇情，所以，成功者的操作心法也許可以提高勝率，但不能期望一定成功，決定成功與否的關鍵還是在於誰來操作、如何操作。

迷思7》好公司股價能一直漲，不會讓我賠錢？

　　好的股票也可能因為盤勢不佳而下跌。影響股票漲跌的因素除了基本面，還需要觀察籌碼面等環節，就算再好的公司股票也不會永遠只漲不跌，即便上漲趨勢不變，仍會有獲利賣壓湧現。

　　更何況，產業大環境、公司基本面與獲利能力等因素處於動態調整，無法精準預測，加上進場時點、籌碼面等因素影響；所以，投資人千萬不要因為買了一檔好公司股票，就認為穩賺不賠。預測行情仍存在失敗機率，即使機率再低，一旦出場價位到了仍須嚴格執行停損，不要讓「基本面佳」成為拗單藉口。

台股漲到高檔　投資如何致勝？

　　很多投資人會問，2022 年台股可能怎麼走？如何操作可能致勝？其實台股在 2020 年 7 月正式突破 1990 年 2 月的歷史高點 1 萬 2,682 點後，一路走出令所有投資人驚訝的大行情。在這波行情裡，我們看到台股單日成交量爆出 7,828 億元的驚人成交紀錄，也看到台股在 2 天內高低點價差達 2,000 點的大波動。投資人不免擔心，現在進場，自己會成為最後一隻老鼠嗎？

　　我的觀察是，2022 年台股再大漲的可能性不高。行情可分為大盤行情與個股行情。這波台股從 2020 年新冠肺炎疫情爆發後的最低點 8,523 點到 2021 年最高的 1 萬 8,291 點，指數存在近萬點的價差，在指數拉升下，個股波動加大，本益比空間也被拉大。

　　在大盤行情帶動下，不但指數表現好，個股更是活蹦亂

跳，所以會出現飆漲數十倍的股票，如「貨櫃三雄」的長榮（2603）從不到 10 元漲到 233 元的超級價位。大盤有大行情，幾乎人人有獎，只是這種行情可遇不可求。

這樣的大行情往往是在貨幣超級寬鬆的局面才可能產生，2020 年疫情爆發後，美國為了刺激經濟，祭出大規模的購債政策，對市場放出接近 4 兆美元的資金；加上各國政府不斷加碼的財政政策推波助瀾，使得全球資金氾濫。由於利率接近於零，使資金流入投資市場，造成股市價格普遍上揚。

此外，台灣半導體與科技產業不但經濟成長率表現佳，上市櫃公司獲利更是屢創新高。資金面與基本面的雙重帶動，大盤與個股表現都相當亮眼。

接下來是否再有類似過去幾年的狂牛行情？我認為機率相對小很多。資金寬鬆刺激經濟奏效，美國通膨飆高，聯準會（Fed）也已經邁開升息步伐，開始從市場上回收資金，我們也都可以發現到股市漸漸受到壓抑。然而，這並不意味著我們不能再到投資市場淘金！

　　要知道，在大盤指數波動不大或空頭市場中，也常出現大飆股。歷史數據顯示，即使在 2008 年、2009 年金融海嘯的空頭市場，台股都有百餘檔股票大漲超過 1 倍以上，只是真正能掌握到那些多頭股的投資人很少，大多數的投資人是遍體麟傷。

　　很多投資人問我，既然股市有多、有空，就多頭市場做多，空頭做空，多空雙向，不論行情如何都可以賺，難道不是嗎？我認為，如果投資人是以期貨市場為主，的確可以透過技術面加上合理的資金控管，多空雙向；但是對於只投資股市的投資人來說，我還是建議做多為主，盡量不要做空。

　　原因是，市場規則對空頭不利，例如融券的成本相當高、每年股東會有回補壓力，且有被軋空的可能，股票市場多頭表現的時間也往往比空頭時間久；而且在多頭市場，常會出現漲幅驚人的股票，所以做多賺錢的機率比做空大得多。因此，我常告誡投資人，多頭市場全力做多，但是空頭市場就盡量低調，等待多頭反轉再出手，這樣或許會更有勝算。

　　截至 2022 年 3 月，台股仍處於多頭架構中，未來一旦台股出現年線方向往下，日均量能明顯萎縮，或是美股出現頭部訊號後，才是多頭結束的跡象。至於操作上，多頭市場要鎖定主流股，所謂的主流股就是年度資金與題材面的焦點股，甚至具有族群性，如 2021 年被看好的電動車、第三代半導體、元宇宙、ABF 載板等（載板為用於印刷電路板（PCB）上承載晶片的載體，ABF 是英特爾（Intel）主導研發的材料）。

　　絕大多數投資人都希望買到飆股，賺大波段行情，如果按照我建議的選股與操作方式，只要平均 1 年抓住 1 檔～2 檔飆股，獲利不愁。但是找飆股不能亂射飛鏢，要從趨勢面、基本面、產業面、技術面、籌碼面等多方觀察與篩選，才可能瞄準靶心。

　　另一種方式是鎖定主流股、龍頭股，或者法人看好的族群，從中找到有爆發力的個股。除此之外，我們可以靠聰明選股，找到利潤較小，但獲利可能性大的標的。

　　我不斷強調，投資市場的大多數人都是輸家，真正的贏

家少之又少，因此，我往往會朝大多數人不贊同的方向前
進。會有這樣的勇氣，是因為我經歷過幾次多空頭市場，
也了解市場，加上我能貫徹「5要6不」原則，打破「7迷
思」，所以至今都有穩定的投報率。

　　只要願意落實這套操作心法，不論未來行情如何變化，
你都可以跟我一樣，靠自己的「股市印鈔機」穩健獲利。

國家圖書館出版品預行編目資料

抓住強勢股：打造股市印鈔機 / 黃世聰著. -- 一版.
-- 臺北市：Smart智富文化, 城邦文化事業股份有限
公司, 2022.04
　面；　公分
ISBN 978-626-95659-2-4(平裝)

1.CST: 股票投資 2.CST: 投資技術 3.CST: 投資分析

563.53　　　　　　　　　　　　111004880

Smart 智富

抓住強勢股　打造股市印鈔機

作者	黃世聰
企畫	黃勞琪
採訪編輯	蔣榮玉
協力編輯	林淑玲、曾品睿

商周集團
榮譽發行人	金惟純
執行長	郭奕伶
總經理	朱紀中

Smart 智富
社長	林正峰（兼總編輯）
副總監	楊巧鈴
編輯	胡定豪、施茵曼、連宜玫、陳婕妤、陳婉庭、劉鈺雯
資深主任設計	張麗珍
版面構成	林美玲、廖洲文、廖彥嘉

出版	Smart 智富
地址	104 台北市中山區民生東路二段 141 號 4 樓
網站	smart.businessweekly.com.tw
客戶服務專線	（02）2510-8888
客戶服務傳真	（02）2503-5868
發行	英屬蓋曼群島商家庭傳媒股份有限公司城邦分公司

製版印刷	科樂印刷事業股份有限公司
初版一刷	2022 年 4 月
ISBN	978-626-95659-2-4

為了提供您更優質的服務，《Smart 智富》會不定期提供您最新的出版訊息、優惠通知及活動消息。請您提起筆來，馬上填寫本回函！填寫完畢後，免貼郵票，請直接寄回本公司或傳真回覆。Smart 傳真專線：（02）2500-1956

1. 您若同意 Smart 智富透過電子郵件，提供最新的活動訊息與出版品介紹，請留下電子郵件信箱：

2. 您購買本書的地點為：□超商，例：7-11、全家
　　　　　　　　　　　□連鎖書店，例：金石堂、誠品
　　　　　　　　　　　□網路書店，例：博客來、金石堂網路書店
　　　　　　　　　　　□量販店，例：家樂福、大潤發、愛買
　　　　　　　　　　　□一般書店

3. 您最常閱讀 Smart 智富哪一種出版品？
□ Smart 智富月刊（每月 1 日出刊）　　□ Smart 叢書　　□ Smart DVD

4. 您有參加過 Smart 智富的實體活動課程嗎？　□有參加　　□沒興趣　　□考慮中
或對課程活動有任何建議或需要改進事宜：

5. 您希望加強對何種投資理財工具做更深入的了解？
□現股交易　　□當沖　　□期貨　　□權證　　□選擇權　　□房地產
□海外基金　　□國內基金　　□其他：

6. 對本書內容、編排或其他產品、活動，有需要改善的事項，歡迎告訴我們，如希望 Smart
提供其他新的服務，也請讓我們知道：

您的基本資料：（請詳細填寫下列基本資料，本刊對個人資料均予保密，謝謝）

姓名：　　　　　　　　　　　性別：□男 □女

出生年份：　　　　　　　　　聯絡電話：

通訊地址：

從事產業：□軍人 □公教 □農業 □傳產業 □科技業 □服務業 □自營商 □家管

您也可以掃描右方 QR Code、回傳電子表單，提供您寶貴的意見。

想知道 Smart 智富各項課程最新消息，快加入 Smart 自學網 Line@。

104 台北市民生東路 2 段 141 號 4 樓

行銷部 收

●請沿著虛線對摺，謝謝。

書號：WBSI0110A1
書名：抓住強勢股　打造股市印鈔機